成墨初 著

非惩罚性教子智慧

西苑出版社
XIYUAN PUBLISHING HOUSE
北京

图书在版编目（CIP）数据

非惩罚性教子智慧 / 成墨初著．— 北京：西苑出版社，2013.8

ISBN 978-7-5151-0379-2

Ⅰ．①非…　Ⅱ．①成…　Ⅲ．①家庭教育　Ⅳ．①G78

中国版本图书馆CIP数据核字（2013）第146652号

非惩罚性教子智慧

作　　者　成墨初
责任编辑　张照富
出版发行　西苑出版社
通讯地址　北京市朝阳区和平街11区37号楼
邮政编码　100013
电　　话　010-88637122
传　　真　010-88637120
网　　址　www.xiyuanpublishinghouse.com
印　　刷　北京中印联印务有限公司
经　　销　全国新华书店
开　　本　710mm×1000mm　1/16
字　　数　277千字
印　　张　17
版　　次　2013年10月第1版
印　　次　2013年10月第1次印刷
书　　号　ISBN 978-7-5151-0379-2
定　　价　35.00元

（凡西苑出版社图书如有缺漏页、残破等质量问题，本社邮购部负责调换）

序

教育应该没有说教，没有恐吓，没有体罚

教育孩子，最常用的手段就是惩罚。很多父母都有这样的体验，当孩子不听话时，只要惩罚一下孩子，就能立刻见效。很多父母为此沾沾自喜，以为找到了教育孩子的良方。但实际上，惩罚只能提供外部推动力，是推着孩子成长。如果想让孩子自发成长，就需要激发孩子的内在动力，提供非惩罚性的教育。

的确，打骂、恐吓、体罚等，似乎不用学习，就能让孩子服服帖帖。可是，长期进行这样的惩罚教育，会给孩子带来很大的危害。

孩子为了免除惩罚或者避免继续受到惩罚，会在短时间内按照父母说的做。如果父母稍微思考一下，就会发现，孩子这样做只是迫于惩罚的压力，并没有真正想要改变自己的意志。

想要孩子改变，想要孩子变得更加优秀，依靠惩罚教育显然是行不通的。惩罚只能给孩子提供外部的推动力，不可能给孩子内在动力。

而且，当孩子受到惩罚后，有的可能会服从父母的安排，缺少主见，变成父母的玩偶，一直受到父母的控制；有的可能会更加隐秘地行事，防止被父母抓住；有的可能会公然反抗，对抗父母的惩罚。

无疑，这三种结果都不是父母愿意看到的。孩子缺少主见，很难在社会立足；孩子不听从父母教育，有可能走上弯路。

父母总是抱怨，抱怨孩子不听从教育，却极少有父母可以认识到，正是因为他们采用了惩罚这种错误的教育方式，才导致这些行为的发生。

所以，教育应当没有说教，没有恐吓，没有体罚。

有些父母认为，说教不是惩罚，那只是父母的感觉。在孩子看来，喋喋不休的说教，正是一种非常残忍的惩罚。

恐吓是一种软暴力，固然对孩子的身体没有造成伤害，但给孩子心灵造成的压力和伤害却是无法估计的。

打骂就更是教育的大忌。打骂教育只能逼迫孩子，却不能让孩子真正认识到某种行为的好坏，无法给孩子内部渴望成长的动力。

可见，惩罚对孩子的教育危害巨大。其实，不用惩罚的方式也能教育好孩子，甚至能够取得比惩罚教育更好的效果。

非惩罚性教育，即鼓励父母不使用惩罚方式，用孩子能够接受、行之有效的教育方式教育孩子。

非惩罚性教育，提倡采用关爱的方式教育孩子，让孩子的内心产生自律、自制的意识，即使父母不监督、不督促，孩子也能按照一定的规则行事。

而且，非惩罚性教育还可以激活孩子的内在动力，唤醒孩子向上的本能，让孩子变得主动、积极向上。

同时，非惩罚性教育还可以保护孩子的自尊心和自信心免受伤害，能尽可能地将教育的失误减少到最低。

为了让读者更好地理解非惩罚性教育的观念，我特意写了这本《非惩罚性教子智慧》。《非惩罚性教子智慧》对非惩罚性教育的观念进行了具体的阐释，什么是非惩罚性教育？做到非惩罚性要经历哪些阶段？要注意什么问题等，在书中都有阐释。

父母要记住，孩子出问题，永远能在父母身上找到原因。父母要认真反省，不断提高自身的素养，同时通过学习掌握非惩罚性教育的精髓，这样才能避免误解孩子，帮助孩子更好地成长。

每个孩子都是一笔财富，每个孩子都是一个惊喜。从现在开始，采用非惩罚性的方式教育孩子，让孩子变成更大的财富和更大的惊喜。

成墨初

2013 年 5 月 30 日于北京

目录

CONTENTS

第八章 内醒——非惩罚性教育第六重修炼

第九章 非惩罚性教育实施禁忌

第一章

惩罚性教育治标，非惩罚性教育治本

惩罚不能给孩子幸福，却让孩子更接近地狱

有些父母在教育孩子时，认为只有采用惩罚的手段教育才能有效。这些父母希望通过惩罚让孩子变得更加优秀，却不知道惩罚会给孩子带来严重的危害。

父母采用惩罚的手段教育孩子，对孩子造成的最直接伤害就是身体上的伤害。孩子处于身体发育时期，一旦造成身体伤害，便有可能给孩子带来一生的影响。

有一次回老家，路过小时候的玩伴张力家门口时，看见他正在院子里教育儿子尧尧：

“你这孩子，跟你说过多少次了？不要偷钱，不要偷钱，需要用钱的话向我和你妈妈要，你怎么还偷钱呢？”

看见尧尧低着头，一言不发，张力更加生气了：“看来我今天不教训教训你，你是记不住我说的话了！”张力一边说着，一边拿着绳子要把尧尧捆起来。

尧尧看到这种情况，立刻大哭起来：“爸爸，我知道错了，我改，你别打我，求求你别打我！”

我看到这，急忙走进张力家，一把夺过他手里的绳子，大声说：“你这是在干什么？孩子这么小，打坏了怎么办？”

张力一看是我，笑着说：“你回来了？你不知道，这孩子太不听话了，老是偷钱，说了一次又一次，可他就是不听。俗话说，不打不成才，看来不打是不行了。”

我摇摇头，说道：“打骂孩子是不行的，孩子犯了错，你要和他好好讲道理。”

张力无奈地说：“我打孩子，那是为了他好，他要是听话，我也不会打他啊。”

我一边摸着尧尧的头，一边对张力说：“你是为孩子好，可是，你今天打了孩子，孩子以后就不偷钱了吗？你能保证这样有效吗？”

张力摸了摸后脑勺，没有说话。

我继续说：“你还记得小时候和咱们一起玩的马军吗？他的小手指动不了，不就是被他爸爸打的吗？万一你打伤了尧尧，不是要毁了孩子一辈子吗？你还不后悔死？”

张力听了我的话，点了点头：“你说得对，我不打孩子了。”

父母在教育孩子时，一定要避免使用武力手段，可以采用讲道理的方式让孩子明白自己错在哪里，也可以通过自然惩罚让孩子认识到自己的错误。

※※※　※※※　※※※　※※※　※※※

采用惩罚的手段教育孩子，除了会给孩子造成身体上的伤害外，还会伤害到孩子幼小的心灵，给孩子的心理造成极大的创伤。

记得桐桐上幼儿园的时候，经常和班里一个叫王伦的孩子一起玩，那个孩子非常调皮，每次他妈妈看到我，总是会向我说起王伦的错误。

一次，我带桐桐出去玩，正好看到王伦和他妈妈走在一起。桐桐高兴地和王伦打招呼，可是王伦却躲在妈妈后面，不像以前那样见人就打招呼。

我感觉很奇怪，就问王伦妈妈：“这孩子怎么了？心情不好吗？”

王伦妈妈叹了口气，给我说了这么一件事情。

王伦平时虽然很调皮，但因为年龄比较小，家人也都没有在意。前几天，家里来客人，王伦妈妈花了很长时间炖了鸡汤，谁知刚把鸡汤端到桌子上，王伦就把自己的一只臭袜子扔到了鸡汤里。

王伦妈妈很生气，就一把抱住王伦，把他扔到了小床上，还冲着王伦大声吼道："你再调皮，妈妈就不要你了！"

王伦吓坏了，哭着爬起来往妈妈身上蹭，可是妈妈没有理他，反而又把他按回了床上。王伦看到妈妈不理他，就开始号啕大哭起来。

王伦妈妈直接走出房间，把门锁上，让王伦自己在房间哭个够。不管王伦怎么敲门，妈妈就是不放他出去。

从那天夜里开始，王伦每天都做噩梦，每到半夜就会哭着醒来找妈妈，不像以前那么调皮不说，也变得不爱说话了。

王伦妈妈说完，无奈地说："桐桐爸爸，你说我就是吓唬孩子一下，他怎么就这么不经吓呢？现在我要怎么办呢？"

我对王伦妈妈说："孩子还小，对你有很强的依赖，可是你说不要他，这对他来说是一种非常大的伤害。孩子受到恐吓，容易变得胆小，甚至会患上心理疾病。

"王伦现在的问题还不严重，你要多和他说说话，让他知道你爱他，不会扔下他不管，然后让他把这件事渐渐淡忘掉。"

父母惩罚孩子，容易让孩子患上恐惧症、焦虑症等多种心理疾病，这比让孩子继续犯错给孩子的伤害更大，父母一定要避免这种情况的发生。

※※※　※※※　※※※　※※※　※※※

用惩罚的手段教育孩子，还容易让孩子形成自我保护的条件反射，变得不愿意思考，成为事事听从父母安排的"小奴隶"。

我的小学同学李章，是个非常聪明的人，可因为他总是不把精力花在学习上，所以学习成绩很差，总是被老师批评。

有一次，李章为了试验玻璃的抗打击程度，用墨水瓶把玻璃砸碎了，玻璃碴划到了一个同学的脸，鲜血直流。

晚上，李章把自己闯祸的事情告诉了爸爸。爸爸二话没说，就把李章打了一顿。李章辩解自己是做实验，爸爸也丝毫不理会：

"没事砸什么玻璃？以后不要想着做什么实验，好好学习，好好听我和你妈妈的话就行了，瞎想什么呢？"

第二天，李章就带着一脸的伤和要赔给同学的医药费来到了学校。后来，李章闯祸的次数越来越少，也越来越听话。有一次我问他："你最近怎么这么老实呢？"

李章说："我被爸爸打怕了，其实，我想的那些也都没有什么用，干脆什么都不想，就听爸妈的话，也挺好的。"

小的时候我不懂，长大以后我才知道，李章爸爸当时的做法是非常错误的。原本聪明的李章可能会有一番成就，现在却只能每天早出晚归地在农田里干活。

总是惩罚孩子，会让孩子产生恐惧感，神经高度紧绷着，时刻处在紧张状态，这样会让孩子失去主见，甚至变得性格懦弱，形成奴性。

※※※　※※※　※※※　※※※　※※※

惩罚性教育危害大，不仅会伤害到孩子的身心健康，还容易让孩子形成奴性，这些不仅不能给孩子带来幸福，反而会把孩子推向地狱。

所以，父母在教育孩子的时候，一定不能使用惩罚性教育手段，而要采取非惩罚性的教育方法对孩子进行教育，从根本上帮助孩子进步。

放弃惩罚性教育，孩子会变得乐于积极配合

孩子出现问题，父母在教育孩子时采取非惩罚性教育的方式，容易让孩子认识到自己的错误，真正愿意改变错误，变得更加积极。

孩子出现了问题，父母打骂或用其他精神惩罚的方式教育孩子是不可取的，正确的做法是采用非惩罚性教育的方式进行教育。

受我和妻子的影响，桐桐从小就喜欢看书，我为了鼓励她看书，也经常给她买一些童书。可桐桐似乎对厚厚的书更感兴趣，总是拿着我的书到处玩。

有一次，我想要看一本书，却发现书不见了。当时，我脑子中的第一个念头就是：一定又是桐桐把我的书拿走了。

于是，我问桐桐："桐桐，你最近有没有拿爸爸的书啊？就是黄色书皮的那本，上面还印着很多数字。"

桐桐先是摇摇头，然后又想了一下，好像突然想到了什么，然后跑到自己房间，把放在玩具箱里面的书拿了出来。

我接过书，看了看书的封皮，真是惨不忍睹，上面既有水彩笔画的线条，也有玩橡皮泥留下的黑黑的痕迹。

我说："桐桐，这是爸爸非常喜欢的一本书，可现在却被你弄成了这个样子，爸爸觉得很生气。"

桐桐听了我的话，没敢说话。

我继续说："下次你拿爸爸的书时，爸爸希望你可以完好无损地还给爸爸。你想，如果爸爸把你的芭比娃娃弄得脏兮兮的，你会高兴吗？"

桐桐摇了摇头："不会，我肯定也会生气的。"

我看到桐桐有所反应，就趁热打铁："是啊，爸爸也是这样。爸爸希望你可以把这本书恢复原样，你可以用一块橡皮把上面黑色的痕迹擦掉。以后再拿爸爸的书时，你要爱惜一些，行吗？"

桐桐听了我的话，点点头："爸爸，我记住了，我这就把书皮擦干净。"

孩子犯错后，父母要教育孩子，但是要重视引导，而不是惩罚孩子，这样能够让孩子真正认识到自己的错误。

※※※　※※※　※※※　※※※　※※※

非惩罚性教育不仅能够让孩子认识到自己的错误，还能让孩子从根本上改变错误的认知，彻底改正，变得更加优秀。

一次，我正在客厅看电视，突然听到桐桐的房间里传来妻子的叫声："老公，你快来看看桐桐都干了什么？"

我关上电视，来到桐桐房间，妻子指了指桐桐床上的被子给我看。原来，打算给桐桐叠被子的妻子看到桐桐的被子脏兮兮地窝成一团。

妻子很生气地对我说："难怪桐桐一大早就出去了，是怕我骂她。等她回来，我一定好好说说她。"

我对妻子说："你别生气，这件事情交给我，我来教育桐桐，保证让你满意。"我想起了桐桐离开家之前，意味深长地看了我一眼，还满脸的自豪。

我想，桐桐一定很期望得到我的妻子的表扬，所以她很快就会回来的。果然，没过多久，桐桐就回来了。

我对桐桐说："桐桐，爸爸和妈妈刚刚发现，你居然会叠被子了！好棒啊！你能再叠一次被子给爸爸看吗？"

桐桐听到了我的表扬，特别高兴，兴奋地点点头，然后拉着我的手对我说："爸爸你快点，我告诉你怎么叠被子。"

只见桐桐用力把床上的被子拉到地板上，先左跑右跑把被子全部铺开，再拉起被子的一角盖到对面的一角上，接着叠另外两只被角，然后，桐桐又把被子的两头叠在了一起。

做完这些，桐桐累得满头大汗，然后高兴地看着我说："爸爸，叠好了！"

我看着桐桐充满期待的眼神，大声地表扬了一句："桐桐，叠得真好！"

桐桐高兴地笑了，我则继续说道："桐桐，爸爸有一个问题，这个被子好像很脏啊，你晚上要怎么盖呢？"

桐桐这才意识到这个问题："是啊，爸爸，我忘了。"

我提出建议说："这样吧，桐桐和爸爸一起把被套、床单洗干净，然后爸爸带你去超市，我们买一床小孩用的被子，这样你在床上也能叠被子了，你说好吗？"

桐桐高兴地说："太好了，爸爸，谢谢你！"

后来，桐桐好像又想到了什么，坚定地对我说："爸爸，我以后一定不把被子放到地板上了，其他东西我也不放在地板上了。"

采用非惩罚性教育方式，不会伤害到孩子的信心，也不会打击孩子的积极性，还能让孩子从根本上对一件事物产生正确的认识，从而指导自己的行为，达到教育的真正目的。

※※※　※※※　※※※　※※※　※※※

采用非惩罚性教育的方式，能让孩子变得更加积极，主动配合父母的教育，弥补自身的不足。

桐桐小的时候，很讨厌洗头，更别提理发了。每次要带她去理发，她不是大喊大叫地反抗，就是偷偷躲起来。

有一次，妻子又向我抱怨："桐桐总是不愿意洗头，每次给她洗头，非要骂她一顿，她才肯配合，怎么办呢？"

我也不清楚其中的原因，就找了个机会问桐桐："桐桐，你怎么不喜欢洗头呢？"桐桐理直气壮地说："洗头眼睛疼，洗发水的味道也不好闻。"

我想了一下，然后对她说："可是，如果不经常洗头的话，头上就会有难闻的味道，其他小朋友肯定也不愿意和你玩了，你该怎么办呢？"

桐桐撅着小嘴，一言不发。

我说："你看这样好不好？爸爸陪你重新买一瓶洗发水，你可以找一瓶闻起来很好闻的洗发水，然后再给你买一个小毛巾，妈妈给你洗头的时候，你用毛巾挡住眼睛。"

桐桐想了一下，点点头。

从超市回到家后，桐桐就冲着妻子大喊："妈妈，我要洗头，妈妈，你快帮我洗头，我要让头发闻起来香香的！"

妻子听到这话，非常高兴，直夸还是我有办法。

在教育孩子的时候，不能单纯地惩罚孩子，要查明其中的原因，对症下药，这也是非惩罚性教育方法的一种具体体现。

※※※　※※※　※※※　※※※　※※※

非惩罚性教育是一种非常正确的教育观念，用非惩罚性的手段教育孩子，比惩罚孩子有效得多。不仅能让孩子认识到不足，弥补不足，还会让孩子更加积极进取。

父母在教育孩子的时候，要尽可能地多使用非惩罚性教育，这样能维护孩子的自尊心，让孩子更乐于配合父母的教育。

非惩罚性教育不是讨好，更不是放任自流

非惩罚性教育旨在不用惩罚的手段教育孩子，并不是说要讨好孩子，或者是放任自流，而是用温和而且正确的方法对孩子进行教育。

有些父母认为，不能用惩罚的方法教育孩子，这个观点是正确的。但不惩罚并不意味着要讨好孩子，用讨好孩子换取孩子的配合，是不合适的。

有一次，我和朋友赵硕约好带着孩子一起去参观天文馆，可是我和桐桐买好了票，在天文馆门口等了好大一会儿，也不见赵硕来。

我正想给赵硕打电话，就看见赵硕拉着女儿文文走了过来："兄弟，不好意思，让你们等久了吧？"

我说："没关系，票已经买好了，我们一起进去吧。"

进了天文馆以后，桐桐拉着文文的手在前面走着，我和赵硕在后面跟着。赵硕这才对我解释道："今天天冷，可是文文出门的时候非要闹着穿裙子。"

我抬头看文文一眼，她穿着一件粉红色的外套："那你是怎么说服文文穿上外套的呢？"

赵硕说："我最后没办法，只能用讨好的办法让她听话。我对她说，如果她肯穿上外套，我晚上就给她买蛋糕吃。"

我听了，笑着说："可你这么教育孩子，有些不合适啊。"

赵硕说：“我也知道，可是孩子还太小，我也不忍心打她，再说了，讨好孩子总比惩罚孩子好吧。”

我摇摇头：“那可不一定，不惩罚孩子是对的，但也不能讨好孩子。其实在孩子穿衣服的这个问题上，你完全可以让孩子穿着裙子到室外站上一分钟，她要是能忍受，就让她穿。”

赵硕担心地说：“那万一她说不冷，非要穿着裙子出来，岂不是要冻坏了？”

我笑着说：“不会的。孩子知道了结果之后，自然会做出正确的选择。以后文文再出现这种情况，你可以试试。”

此后不久，赵硕打电话对我说：“你说的方法真灵，文文这孩子出去站了不到一分钟，就跑回来了，还直喊冷，非常爽快地把外套穿好了。”

非惩罚性教育并不意味着要讨好孩子，对孩子讲清道理，让孩子体验后果，也是一种非常好的教育方法。

※※※　※※※　※※※　※※※　※※※

非惩罚性教育不是对孩子不管不顾，孩子还太小，很容易受到外界事物的诱惑，如果父母不管不问，就容易导致孩子步入歧途。

同事王哥的儿子晓宇经常和别人打架，王哥打也打了，骂也骂了，可晓宇就是屡教不改，王哥头疼不已，问我应该怎么办才好。

我刚刚把非惩罚性教育的观念说出来，王哥就迫不及待地说：“你不用说了，我懂了，我知道该怎么做了。”

王哥回家之后，就和晓宇进行了一番长谈，并且告诉晓宇，以后无论他做什么，王哥都不会打骂他，让他好好重新开始。

晓宇半信半疑，后来发现王哥真的是说到做到，他也不好意思总是打架了，慢慢地，闯祸的次数越来越少，这可把王哥乐坏了。

可是后来，王哥接到晓宇老师的电话，得知晓宇上课时总是心不在焉，王哥想问问晓宇到底出了什么事，可是一想到自己的承诺，就没有问。

没过多久，晓宇回家的时间越来越晚，晚饭后基本上都待在自己的房间里不出来。王哥想，可能是孩子大了，有自己的秘密了，也就没有过问。

直到最近，王哥的一个朋友在网吧遇到了晓宇，把这件事情告诉了王哥，王哥才知道，晓宇虽然很少打架了，却迷恋上了上网。

王哥很不明白，他问我："你不是说不要惩罚孩子吗？我没有惩罚他，可他怎么还是出问题了呢？同样的教育，为什么你家桐桐就这么乖巧呢？"

我听王哥讲完了他的教子经过，对他说："你是没有惩罚孩子，可是非惩罚性教育也不是不教育啊。不管什么时候，对孩子的教育都是必须的。"

王哥叹了口气说："都是我当时太心急，没听你说完，就急急忙忙行动了。"

非惩罚性教育，不是放任孩子，父母要相信孩子，给孩子一定的自由。但与此同时，父母应该及时了解孩子的情况，及时教育。

※※※　※※※　※※※　※※※　※※※

非惩罚性教育其实并不难理解，就是用温和合适的手段对孩子进行教育。孩子虽然各有不同，但非惩罚性教育的方法是通用的。

我一直提倡用非惩罚性的手段教育孩子，在教育桐桐时，我也是这样做的，而且也取得了非常好的效果。

妻子对桐桐的要求比较严格，经常督促桐桐好好学习，取得好成绩。

有一次临近考试时，妻子对桐桐说："桐桐，你这次考试如果能超过梅梅，妈妈就带你到欢乐谷玩。"梅梅是妻子同事的女儿，和桐桐同班，成绩在桐桐之上。

当时，我虽然想要阻止妻子，可已经来不及了，只好安慰桐桐说："桐桐，你不要有太大的心理压力，就像平常一样复习，好好准备考试就行了。"

考试结束后不久，桐桐拿着数学试卷对我说："爸爸，我本来能超过梅梅的，可是老师给我批改错了，害得我比梅梅少了两分。"

我接过试卷，桐桐小心翼翼地指着其中的一道题说："爸爸，你看。"我看了看，在红色的叉号下，果然写着正确答案。

可是，看着桐桐的神情，我觉得事情没有那么简单，于是我问她："你把这件事告诉妈妈了吗？"

桐桐摇摇头，然后恳求地说道："爸爸，你帮我跟妈妈说行吗？"

我点点头，把试卷还给桐桐。然后，拿起一本故事书递给她："桐桐，这是你上次要爸爸帮你买的故事书，爸爸觉得第二个故事讲得特别好，你好好看看吧。"第二个是教育孩子要诚实的故事，我想让桐桐有所启发。

桐桐高兴地接过书，跑回自己的房间看书了。

晚上吃饭前，桐桐悄悄对我说："爸爸，其实老师没有批改错，是我自己把答案给改了，爸爸我知道错了，我会告诉妈妈，下次一定好好考，超过梅梅。"

在孩子犯错后，不惩罚孩子，而是利用其他方法对孩子进行教育，让孩子认识到自己的错误，从而改正。

※※※　※※※　※※※　※※※　※※※

非惩罚性教育不是讨好，更不是放任自流，而是利用一些能够让孩子的心灵免受伤害的方法，因材施教。

父母要先对非惩罚性教育有一个正确的认识，才有可能把孩子引导到正确的道路上，对孩子展开正确的教育。

遵循原则教育，比违反原则教育的成功性大

非惩罚性教育也有要遵循的原则，不是随随便便教育就可以的。非惩罚性教育要遵循关心原则、适合原则和底线原则。

在对孩子进行教育前，要先关心孩子，知道孩子出现问题的缘由，然后再对孩子进行教育，这样孩子才会愿意接受父母的教育。

桐桐上了初中以后，就不像以前那样整天缠着我了，晚饭后经常喜欢躲在房间里看书、学习、打电话。

一天晚上，桐桐从放学回到家就一直在打电话。吃晚饭时，妻子叫一遍不听，叫两遍不听，叫了三遍桐桐还是没有反应。

妻子非常生气，就去敲桐桐的房门："吃饭了！都叫了你好几遍了，你怎么就是听不到啊？再打电话我把你手机没收了。"

桐桐似乎也很生气，一把拉开房门，冲着妻子大喊："不就是吃饭吗？叫什么叫！你怎么这么讨厌？"然后当着妻子的面，"砰"地把门关上了。

妻子愣了一下，很快就过来向我告状："你看桐桐，都是让你惯的，这么没大没小，你还不赶快说说她。"

我安慰妻子："你也不要生气，桐桐或许有什么难言之隐。我们先吃饭，等桐桐出来时我再教育她。"

我和妻子吃完饭不久，桐桐从房间里走出来找吃的。我给她倒了杯牛奶，又让妻子把饭菜热一热，然后让桐桐坐在沙发上。

“桐桐，爸爸看你最近心情不是很好，出什么问题了吗？说实话，爸爸并不想打探你的隐私，可是爸爸很担心你。”我诚恳地对桐桐说。

桐桐看了看我，有些内疚地说：“爸爸，对不起，让你担心了。其实我没有什么事情，是我的同桌璐璐出了一点事情。璐璐爸爸去世了，我就想着打电话安慰她。”

我听了点点头：“哦，原来是这么回事，所以刚刚妈妈敲门的时候，你才那么生气地和妈妈顶嘴，是吧？”

桐桐点点头。

我继续说：“桐桐，你有没有想过，如果妈妈知道你是打电话安慰同学，她肯定不会冲你发火的。你刚刚冲妈妈发脾气，你觉得自己做得对吗？”

桐桐有些心虚地说：“不对，我也知道自己的态度不对，我现在就去向妈妈道歉。”

教育孩子之前，要先关心孩子，在理解孩子的基础上采取适当的方式教育孩子，这样的教育会更加有效。

※※※　※※※　※※※　※※※　※※※

每个孩子都是独特的个体，每个孩子的性格、承受能力等都是不同的，所以在对孩子进行教育时，一定要考虑孩子的个体特征，采用适合孩子的教育方法。

桐桐上高一的那个暑假，我正在家里看书，突然接到桐桐班主任的电话，让我到一个酒吧去接桐桐。

简单问了两句，我知道了事情的原委。原来，桐桐出于好奇，和几个同班同学一起去逛酒吧，被去酒吧参加朋友生日会的老师抓个正着。

我急匆匆赶到酒吧后，看到桐桐和几个女孩在门口站着。桐桐看到我来了，先是露出高兴的神情，接着又低下了头。

与此同时，另外几个女孩的家长也赶了过来。我正想替桐桐向老师解释，却被其中一位家长的巴掌声给拦住了。

只见那个家长在打了女儿一巴掌后，开始大声斥责：“你这孩子，怎么这么不学好？酒吧是你能来的地方吗？”

我和桐桐的班主任都走上前去劝说那位家长，等把其他家长都劝走后，我才对桐桐的班主任说：“老师，孩子是出于好奇才会来酒吧的，还希望你忘了这件事，给她们改错的机会。”桐桐的班主任点头答应了。

我知道桐桐虽然问题较多，但却是个比较敏感爱哭的孩子，所以，在回家的路上，我没有教育桐桐。而回到家后，我才开口教育她。

我把在酒吧有可能出现的危险情况全都轻声细语地讲给桐桐听，告诉桐桐我对她的担心。同时还告诉她，我会替她向妻子保密。

桐桐一扫刚才的不快，点头答应了。

孩子因为性情存在差异，教育方法也要不同。如果方法不合孩子的性情，即使是正确的方法，也有可能导致失败的结果。

※※※　※※※　※※※　※※※　※※※

非惩罚性教育虽然是采用温和的手段教育孩子，但并不意味着可以放松对孩子的要求，当孩子触犯到教育底线时，一定不能退让。

桐桐上小学后，身上出现的问题越来越多，到后来，我不得不订立一些规矩，以约束桐桐的行为。

有一次，我和妻子带着桐桐去甘肃天水看望桐桐的姥姥姥爷。出发之前，我特意叮嘱桐桐，如果她到了姥姥家乱要东西的话，就立刻带她回家，桐桐点头答应了。

最初到姥姥家以后，桐桐很乖巧。可是没过两天，就原形毕露，一直缠着姥爷给她买玩具。姥爷对她百依百顺，桐桐就更加嚣张了。

我看到这一幕，就对桐桐说：“桐桐，如果你再向姥姥姥爷或是其他人要东西，爸爸就立刻带你回家，说到做到。”

桐桐仗着姥爷对她的疼爱，以为我不敢做什么，就很理直气壮地说：“姥爷疼我，所以给我买玩具，姥爷说了，这里离北京这么远，你不会一生气就把我带回家的。”

我知道桐桐现在是有恃无恐，只好再强调一遍我的规矩：“这是我最后一次和你说，不要向别人要东西，如果你还不听，我只好把你带回家了。”

第二天，桐桐看到有个孩子拿着气球，就让姥爷给她买。我看到了，直接对妻子说：“你去把桐桐的东西收拾一下，我今天就带桐桐回家。”

妻子听了，想要劝说，被我拦住了：“你不要劝我，我已经和桐桐说了好多次了，不要向姥爷要东西，她既然不听，就应该为她的行为负责。”

桐桐一看我真要带她走，立刻大哭起来，一屁股坐在地上，死活不愿意起来。等到桐桐哭完了，我问她：“桐桐，你觉得你做得对吗？你已经是大孩子了，要为自己的行为负责。”

桐桐听了我的话，虽然有些不甘心，还是跟我回家了。从那以后，我再带她去走亲戚，她也不向亲戚要东西了。

坚持底线不退步，看似是对孩子的残忍，但实际上是实行非惩罚性教育必须遵循的原则。父母一定不能因为一时的心软让步。

※※※　※※※　※※※　※※※　※※※

父母一定要理解关心原则、适合原则和底线原则，并且坚定地遵循这些原则，对孩子的教育才能够更加有效。

这些原则并不是一成不变的，父母可以结合具体的教育场景进行转换或结合使用，使原则发挥最大的指导作用。

非惩罚性教育不简单，需要经历非常修炼

想要熟练掌握非惩罚性教育的方法，父母需要经过六重修炼，这也是对孩子进行教育的六个阶段，即说服、激励、规训、导引、示范、内醒。

教育孩子，不是简简单单说说就可以的。说教只是教育孩子的一种方式，要想真正教育好孩子，也是需要经历非常修炼的。

一次，我和一些朋友讨论家庭教育理念。在那次讨论中，我提出了非惩罚性教育理念，获得了大家的一致赞同。

李炜问道："你觉得，要怎么样做才能做到非惩罚性教育呢？我觉得这是一个非常重要的问题。"

我回答说："在我看来非惩罚性教育其实在强调一个理念，就是教育孩子不能秉持惩罚孩子的目的进行，而是要用非惩罚的手段教育孩子。"

万峰说："你说的这个观点我十分赞同，教育孩子是不能用惩罚的方法，否则可能会适得其反。只是，空说无益，你对这种方法有什么更深刻的见解吗？"

我笑了笑："深刻谈不上，只是我认为，要想真正做到非惩罚性教育，要做好六个方面，我把这六个方面叫作六重修炼。

"这六重修炼是指说服、激励、规训、导引、示范、内醒。每一点都包含着许多优秀的教育理念，这些理念在国外非常盛行，只是在我们国家还有待传播。”

朋友们点点头，赞成了我的观点。

用非惩罚性的手段教育孩子，并没有想象的那么难，反而比现在父母常用的打骂教育有效得多，只需做好六重修炼即可。

※※※　※※※　※※※　※※※　※※※

说服、激励、规训、导引、示范、内醒，这六点很容易理解，只是其中还包含着一些特殊的含义。

还是在那次讨论上，在我提出了六重修炼的观点后，朋友赵爽问我：“你说的那六重修炼，应该没有字面上说的那么简单吧？究竟有什么含义呢？”

我笑着说：“不愧是对家庭教育颇有研究的人，反应还真是快呢。其实这六点，这十二个字确实包含了很多内容。

“说服，是说利用倾听、讲道理、同孩子协商等让孩子赞同或者服从家长的观点，当然可以使用一些小手段，如为孩子辩解，孩子更容易被说服。

“激励，是说多对孩子进行鼓励、暗示、表扬，让孩子获得成就感，这样能激发孩子的内在动力，让孩子自愿努力。

“规训，是指要给孩子树立规范、规矩，没有规矩不成方圆，同时要对孩子进行一定的训练，用以达到规范孩子行为的目的。

“导引，是说要正确地引导孩子，在孩子行动之前，引导孩子正确行动，但要注意不能代替孩子做，要让孩子自己去体验，父母的作用只是指明灯。

“父母是孩子的模仿对象，所以父母一定要做好示范，严格要求自己，同时见到好的行为就引导孩子见好学好，这样的教育更有效。

“其实，上面说的这几点都是借助父母的外力帮助孩子成长，我觉得如果能让孩子内醒，就是唤醒孩子无限强大的内力，那孩子的进步会更快，成长会更好。”

听了我的话，赵爽点点头，其他朋友也点点头。

教育孩子前，父母要理解六重修炼的概念，这样才能有章可循，对孩子的教育才不会偏离正确的道路。

※※※ ※※※ ※※※ ※※※ ※※※

理解了六重修炼的准确含义后，父母可以对孩子开展教育，但一定要避开一些禁忌，不能让教育适得其反。

在李炜听了我的教育理念后，他说把这些教育理念用到了女儿晶晶的教育中。晶晶是个很调皮的孩子，这让李炜一直很头疼。

过了一段时间，我有事去李炜家，顺便看一下李炜的教子成果。李炜偷偷拉过我说："我按照你说的试了试，别说，还真的很有效。"

正说着，晶晶走了过来："爸爸，你看我这个小鸟画得好不好？"李炜接过画，看了一眼说："哎呀，我女儿真是太了不起了，画得真棒，我觉得都能放在画廊里展出了。"

听到李炜这么说，晶晶非常高兴，脸上露出了得意的神色："爸爸，我觉得我的画是班上最好的，其他小朋友都比不上我。"

李炜点点头，继续说："晶晶乖，爸爸要和叔叔说会话，你到房间里玩好不好？"看到晶晶有些不情愿，李炜接着说："你去房间玩，爸爸就奖励你一件礼物。"晶晶高兴地点点头。

我看到这一幕，就对李炜说："你平时都是这么教育孩子啊？"

李炜得意地说："是啊，你没发现特别有效吗？晶晶之前很难教育，现在说什么听什么了，我对这种结果很满意。"

我没有理会李炜的心情，而是直言不讳："你这么纵容孩子，哪里是教育有效，明明是在把孩子往另一条歧路上引啊。"

李炜大吃一惊："这话怎么说？"

我说："就刚刚你和晶晶的几句对话，我就发现了问题。第一点，你称赞晶晶时过于夸张，我已经看出来晶晶被你夸奖得都有骄傲的情绪了。第二点，你为了让晶晶听话，用礼物贿赂她，以后她会常常要礼物，当你的礼物不能满足她时，你要怎么办？"

李炜说："这个我还真是没有想过，可我的做法也是按照你说的六重修炼来的啊。"

我继续说："任何教育都有需要注意的地方，非惩罚性教育也不例外。

贿赂孩子是大忌，躲还来不及呢，怎么能主动贿赂呢？还有，称赞是能给孩子动力，但一定要适当，否则会让孩子变得不可一世。”

李炜听了我的话，点了点头。

在对孩子进行教育时，一定要注意适度，过犹不及，即使是好的教育方法，也要注意这一点，进行六重修炼时，尤其要注意这一点。

※※※　※※※　※※※　※※※　※※※

进行非惩罚性教育时，要注意熟练掌握六重修炼，说服、激励、规训、导引、示范、内醒，不管进行到哪一步，都能帮助孩子成长。

在教育孩子时，不管方法多正确，也一定要注意适度，不要过分宠爱孩子，这样，才能让六重修炼发挥最大的作用。

第二章

教孩子不能用的6种惩罚性教育

惩罚性教育只是外部推动力，管得了一时管不了一世

对于孩子来说，父母的惩罚性教育手段是无效的，即使一时有用也不会长久。因为惩罚性教育只能从外部约束孩子，无法让孩子形成内在的自我约束和推动。

当孩子犯了错，有些父母最开始想到的就是惩罚孩子，希望用惩罚震慑孩子，给孩子一定的压力，让孩子学会约束自己的不当言行。

有一次，桐桐的表妹乐乐来我家玩，这可让桐桐高兴坏了。桐桐拿出自己平时珍藏的巧克力，邀请乐乐一起吃。

看到这么多巧克力，乐乐非常高兴。刚想拿起一块吃，突然又把手缩了回去，抬头朝妈妈看去。乐乐妈点头允许："只能吃一块。"

乐乐高兴地拿起巧克力，非常小心地品尝着。看得出来，乐乐非常喜欢吃巧克力，一块小小的巧克力，乐乐就吃了很长时间。

桐桐看乐乐吃完了，又递给了乐乐一块。乐乐很想接着，但看到妈妈严厉的眼神，只好谢绝了："不用了，我妈妈说了，巧克力吃多了不好，一块就够了。"

乐乐妈看着乐乐，满意地点点头，而乐乐则和桐桐一起去房间玩。

快到吃饭时间时，我去桐桐房间叫她和乐乐吃饭。推开房门，看见乐乐的嘴角沾着巧克力，一脸惊恐的表情。看到进屋里的人是我，乐乐才放下心来。

我故意问乐乐：“乐乐，你怎么又吃巧克力了？不是说吃一块就够了吗？”

乐乐说：“那是当着我妈的面故意说的。这么好吃的巧克力，平时在家都吃不到，吃一块怎么够啊？”

我故意打趣说：“所以，你刚才看我进来，才这么害怕？”

乐乐有些不好意思地说：“我以为是我妈妈呢。要是被妈妈看见我偷吃巧克力，一定又要罚我不准吃饭了。”

桐桐有些同情地看着乐乐，然后对我说：“爸爸，你不要把乐乐吃巧克力的事情告诉她妈妈啊，乐乐真可怜。”

我点点头，心里暗想：乐乐妈用惩罚的手段让乐乐服从她的安排，却没有想过，当她的惩罚不存在时，乐乐会照样“犯错”。

惩罚性教育只能给孩子一时的外部约束力，当约束力不存在时，孩子又会恢复以往的状态，这样的教育显然是无效的。

※※※　※※※　※※※　※※※　※※※

惩罚会让孩子一直处于愤怒、恐惧和被伤害的情绪中，这些情绪会阻碍孩子的学习，让孩子依旧原地踏步。

这几年，我一个要好的小兄弟赵伦在有了儿子后，总是过得非常快乐。可是最近，赵伦却总是向我念叨，宝宝总是挑食，怎么劝都没用。

那天，我去赵伦家吃饭，目睹了他教育儿子的经过。

餐桌上，赵伦妻子夹起一块带鱼，仔细地将带鱼肉从鱼刺上夹下来，放到儿子的碗里。可宝宝却用手把鱼扔到了桌子上。

赵伦妻子非但不生气，还笑呵呵地继续给儿子剔鱼刺，继续把鱼肉放到儿子碗里：“宝宝，吃鱼，吃鱼能长高。”

宝宝还是一点都不配合，抓起鱼肉扔到了菜汤里。赵伦生气了：“你这孩子，鱼不吃、肉不吃，你干脆连饭也别吃好了！”

宝宝被赵伦的呵斥声吓到了，大气都不敢出。

赵伦不满地对妻子说：“你不要总是惯着他，这么小的小孩就开始惯着，什么时候是个头啊？”

然后，赵伦又对宝宝说：“你不想吃鱼对不对？好，那这顿饭你就不要吃了，回你房间反省去。”

宝宝看了一眼一脸严肃的爸爸，又看了一眼妈妈，然后哭着回房了。

我暗暗想：宝宝现在肯定很难过，也有些害怕，在这种情绪下，他怎么可能反省自己有没有做错呢？下次又怎么会主动改正呢？

惩罚会阻碍孩子学习和改正的积极性，即使孩子迫于权威，暂时规范了自己的行为，因为认识不到自己的错误，在习惯的支配下，也还会持续犯错。

※※※　※※※　※※※　※※※　※※※

惩罚并不是万能药，当父母对孩子惩罚的时间长了以后，孩子就会对这种惩罚适应了，甚至会想出其他招数应对父母的惩罚。

有一段时间，桐桐迷上了看漫画书。

因为怕影响桐桐的视力和学习，每次桐桐看书看晚了，妻子都会冲进桐桐的房间，毫不留情地收走桐桐的漫画书，强迫她睡觉。

最开始，桐桐还很听话，可不久就出了问题。

那一晚，妻子起床去客厅喝水，结果发现桐桐房间的灯还亮着。推开房门一看，桐桐居然在偷偷看漫画书。

妻子气不打一处来，也不管时间是否合适，直接开始批评桐桐。

我被争吵声吵醒，来到桐桐房间，就听见桐桐对妻子说：“我就是不困，不想睡觉，你干吗非要强迫我睡觉啊？”

我看了看桐桐桌上的小闹钟，已经快十二点了。

我拦住妻子，告诉她不要吵到邻居休息。同时，笑着对桐桐说：“桐桐，看书是你的自由，爸爸妈妈不会拦着。可你要知道，如果你因为睡眠不足导致上课没精神，被老师批评，被同学取笑，你回家可不要怪爸爸妈妈没有提醒你啊。”

桐桐听了，犹豫了一下，可还是逞强说：“我不会没精神的，我就要看书。”

我笑了笑，没有再说什么，拉着妻子离开了。

后来，我偷偷观察了一下，桐桐屋里的灯开了不到一分钟，就关了。

很显然，妻子的惩罚对桐桐来说早就失去了效力，桐桐甚至研发了特殊的看书方法应对妈妈的检查。

可当我把只顾看漫画书不休息的坏处说给桐桐听了以后，桐桐开始进行思考了。在自己的判断下，选择睡觉而不是继续看漫画书，这就是非惩罚性教育的效果。

想要让孩子改正错误，或者进行正确的行为，父母需要把其中的道理讲给孩子听，而不是直接采用惩罚的手段，这样的教育比惩罚更好。

※※※　※※※　※※※　※※※　※※※

惩罚当然能给孩子压力，但是这种外部的压力如果处理不好，很容易让孩子的心灵受到伤害，让孩子的行为继续恶化。

不要用惩罚性的手段教育孩子，多一些耐心，多给孩子一些机会，多尝试一些非惩罚性的方法，教育效果才能持续长久。

父母恨铁不成钢的讽刺挖苦，往往会灼伤孩子幼小的心灵

很多父母都对孩子寄予了过高的期望。当孩子无法达到父母的要求，父母由于恨铁不成钢，经常说出一些伤害孩子心灵的话。

有些父母认为，孩子就不能夸。明明可以正面教育孩子的，非要讽刺挖苦孩子不可。父母以为这样能给孩子动力，却不知道这样做伤害了孩子的自尊心。

晚饭后，桐桐的同学小雨突然来我家，说她今晚不想回家了，想要在我家借宿一晚，希望我能答应。

看到小雨情绪这么激动，我立刻答应了。然后给小雨家打了电话，让她的父母不用担心，明天我会把小雨送回家。

打完电话，桐桐关心地问小雨："小雨，出了什么事情了？"

小雨伤心地说："我觉得，我爸爸妈妈一点都不喜欢我。我成绩不好的时候批评我，我成绩提高了，还说我考这么点分对得起谁。"

从小雨陆陆续续的讲述中，我了解了事情的整个经过。

小雨的英语成绩不太好，总是会拉她的总分，导致她在班级的排名一直很靠后。爸爸妈妈虽然说过小雨很多次，可小雨的英语成绩就是上不去。

小雨是个懂事的孩子，为了不让父母失望，就经常和同学一起写作业，让同学帮自己辅导一下，同时也增加了学习英语的时间。

这次考试，为了取得好成绩，小雨做试卷时特别谨慎。加上之前的努力，小雨这次英语考试破天荒得了 90 分。

小雨非常高兴，她想，爸爸妈妈这次肯定会好好夸奖她一番，说不定也会像其他同学的父母那样，奖励自己喜欢的礼物。

当小雨把试卷拿给妈妈看时，妈妈没有接，只是用眼睛扫了一眼。看着满脸兴奋的小雨，妈妈冷冷地说："考这么点分，有什么好高兴的？你对得起谁啊？"

小雨的笑容一下子僵住了，她没有想到，自己就算努力了，也还是得不到妈妈的肯定。受到伤害的小雨一气之下就跑到了我家。

孩子也希望自己能够达到父母的期望，在孩子努力之后，换来的却是父母的讽刺挖苦，这会让孩子觉得很受伤。

※※※　※※※　※※※　※※※　※※※

讽刺挖苦不仅刺耳，还容易伤害孩子的自信心。一旦孩子的自信心受损，就很容易放弃努力，止步不前。

桐桐去同学张佳家参加生日聚会，说好下午晚点回家。可是，午饭后不久，桐桐就回来了，还一副气冲冲的样子。

"桐桐，你怎么生气啦？有人欺负你了？"

桐桐点点头，又摇摇头："我是生气了，不过不是有人欺负我，而是看到张佳妈这么说张佳，感觉很生气。"

"怎么回事？张佳妈为什么要说张佳？说了什么？"

"今天是张佳的生日，我们班好多同学都去了。唱生日歌许愿后，张佳妈妈就过来帮我们切蛋糕。

"大家围着张佳问她许了什么愿，张佳不肯说。经不住大家的询问，张佳最后告诉我们，她许愿这学期自己的数学能考 90 分。

"在一旁的张佳妈妈听了，笑了出来，还讽刺张佳说：'你这么笨，许多少次愿都不可能考过 90 分，就别说出来让别人笑话了。'

"张佳气哭了，我们看了也感觉很不舒服。原本准备饭后在张佳家好好玩玩的，一看到这情景，大家都提前回来了。"

听了桐桐的话，我也很同情张佳。一个孩子，在生日许愿时还想着要提高学习成绩，这是个多上进的孩子啊。

可是，张佳妈妈却用这种话打击她的自信，而且还是在这么多同学面前。连妈妈都不相信自己能行，张佳的自信心能不受到打击吗？

如果孩子出现问题，父母可以就事论事，不要总是挖苦孩子，挖苦讽刺是对孩子人身的直接攻击，是孩子自信心的杀手。

※※※　※※※　※※※　※※※　※※※

讽刺挖苦除了会伤害孩子的自尊心和自信心，还会让孩子心生恐惧，使孩子不敢前进，变得胆小懦弱。

邓静是我在一个学校演讲后认识的女孩，他的爸爸是一位事业有成的公司经理，对她的要求非常高。

邓静上了高中以后，爸爸就要求邓静选择理科，将来上北京大学的光华管理学院。邓静知道爸爸对自己期望很高，也非常努力。

最近的一次考试，由于考试前生病，邓静没能好好复习，考试成绩不是很理想。看到邓静的考分，一向冷静的爸爸也开始变得不冷静了。

爸爸生气极了，拿起手中的茶杯朝邓静的脚下砸去，并大声训斥邓静："连考试都考不好，你还能干什么？"

看到爸爸发火的样子，邓静非常害怕，她一边哭一边对爸爸说："爸爸，我下次一定考好，你不要生气了。"

邓静爸爸根本不听邓静说，反而继续挖苦说："你下次考好，你这么笨怎么能考好？你要是能考好，除非太阳从西边出来。"

邓静惊呆了。自己上次考试成绩优秀，爸爸还夸她聪明，夸她有前途。这次考糟了，爸爸对她的评价就这么低，这真让她难以接受。

从那以后，邓静就变得害怕学习，害怕考试。每次打开课本，邓静脑海中总是会重复一句话："你那么笨，你那么笨，你那么笨……"

邓静很苦恼地告诉我："我也很想认真学习，也很想取得好成绩，让爸爸骄傲。可是，我现在每次学习都感觉很痛苦，很害怕，害怕考不好爸爸还会批评我。”

我对邓静安慰了一番，然后帮邓静打电话给她爸爸，说明了邓静的情况。邓静爸爸听完后表示，自己一定好好向女儿道歉，把那个活泼开朗的女儿找回来。

父母的讽刺挖苦会让孩子觉得自己的力量非常弱小，而把困难看得非常巨大。所以，在父母开口讽刺孩子前，一定要想清楚，有话好好说。

※※※　※※※　※※※　※※※　※※※

父母话里带刺，讽刺挖苦孩子，会让孩子觉得被浇了一盆凉水，自尊心受到伤害不说，自信心也会受到严重打击，甚至会变得懦弱，不敢面对挑战。

父母一定要避免讽刺挖苦孩子，在对孩子进行教育时，要考虑到孩子的心情，考虑到措辞的恰当性，不要给孩子的心灵带来伤害。

人前教子，会对孩子的自尊心造成无情伤害

很多父母在谈到对孩子的教育时，总喜欢以古语“人前教子，背后教妻”为依据。但实际上，人前教子是个谬论，会对孩子的自尊心造成很大的伤害。

生活中，总是能看到父母当众批评或呵斥孩子的情景，这种人前教子的行为虽对孩子伤害很大，可还是有很多父母不以为然。

一年夏天，天气出奇的热。桐桐不知道因为什么原因，突然发起了高烧。我一边暗自责怪自己对桐桐不够关心，一边急忙带着她去医院看病。

到了医院，我和桐桐刚坐在治疗室外的凳子上，就听见一位妈妈在数落儿子：“跟你说过多少次了，洗完澡不要立刻吹空调，你就是不听。你看看，现在好了吧？发烧了吧？”

男孩有气无力地点点头，看得出来，他比桐桐病得还严重。

“你看看你都多大了，还不会照顾自己。你说没事生什么病？还得打针吃药。花钱倒是小事，耽误学习怎么办？”

再看看那个男孩，脸上一副厌恶的样子。对妈妈说的话，他只是轻轻地点点头，既不应答，也不反抗。

那个妈妈看到儿子这个态度，有些不高兴了：“你这孩子，怎么这么没心没肺？我请假陪你看病，怎么？说你两句你就不高兴了？”

男孩开始反驳妈妈："我哪儿不高兴了？明明是你自己不高兴，还冤枉我。不就是耽误你上班了吗？你去上班吧，我不看病了还不行吗？"

男孩一边说着，一边抓起盖在身上的外套，腾地站了起来："你时间宝贵，我不耽误你了，你去上班吧，这病我不看了，大不了烧死算了！"

说完，男孩头也不回地朝外走去，任凭妈妈在后面怎么喊也不听。

我想，这个妈妈太小题大做了。孩子只是不小心生病了，虽然需要一定的指点，但妈妈也没有必要在大庭广众之下教子，这样会伤了孩子的心，认为妈妈不爱自己。

这也给我们做父母的提了个醒，在教育孩子时，一定不能毫无顾忌地在人前教育孩子，会让孩子觉得丢了面子，伤了自尊心。

※※※　※※※　※※※　※※※　※※※

和父母相比，孩子是很年幼，可再小的孩子也是一个独立的个体，也有出自本能的自尊心。孩子就算再欠"收拾"，也要在人后教育。

周末，我和朋友李伟相约一起去一家新开的饭店尝尝鲜，顺便谈一些事情。听说有好吃的，桐桐非要跟着我一起去。

点好菜以后，桐桐自告奋勇地为我们倒茶。可能是桐桐太急于表现自己，倒水时不小心把水溅到了手上，手一松，茶壶就砸到了桌上，打破了下面的碟子。

我看到以后，立刻抓过桐桐的手，一边吹一边问她："桐桐，疼不疼啊？"

桐桐摇摇头："没事，爸爸，一点不疼。"随后，桐桐又看了看打破的碟子，一脸难过的样子。

我看出了桐桐的意思，笑着对她说："没关系，碟子破了我们给饭店赔钱就行了，不要让一个碟子影响了我们吃大餐的情绪。"

听我这么说，桐桐高兴地笑了。

回到家后，我一边清洗茶具，一边对桐桐说："桐桐，今天爸爸想教你倒茶，这样你下次倒茶时就不会烫到自己了，你想学吗？"

桐桐想了一会儿，有些担心地说："万一我把茶壶打碎了怎么办？"

我拍了拍胸脯说："不用担心，有爸爸教你，你一定能做得很好。"

果然，在我细心的示范下，桐桐很快学会了倒茶。我没有批评她一句，就让她高高兴兴地学会了正确倒茶的方法。

让父母避免人前教子，并不是说不让父母教子，而是让父母在没有外人在的时候，对孩子进行教育，这样的教育更有说服力。

※※※ ※※※ ※※※ ※※※ ※※※

有些时候，孩子在外面的表现实在太过分，父母就会忍不住训斥几句，让孩子约束自己的行为。其实，不大声教育孩子，而是改为提醒孩子效果更好。

前不久，我去参加一个小兄弟的婚礼。吃饭时，我被安排和小兄弟的几个同学坐在一桌。其中一位是个年轻妈妈，带着一个大约六岁的小男孩。

喜宴还没开始，服务员就开始在每个桌上放上饮料、烟酒。小男孩看到了，很高兴地转动转盘，看得出来，他想把饮料转到自己面前。

可能是怕孩子做出失礼的事情，妈妈用手轻轻碰了男孩的胳膊一下，然后贴在男孩耳边悄悄说了一句话。

男孩把手从转盘上拿了下来，冲着妈妈笑了一下，而妈妈也回以微笑。

接着，服务员开始上糖果和水果。鲜红的樱桃、水灵灵的葡萄、香脆的腰果、精美的巧克力……别说孩子了，就连我这个大人也觉得食欲大振。

小男孩显然也被吸引了。他忘记了妈妈的嘱咐，不由自主地把手靠近放樱桃的盘子旁边，想要趁人不备，偷偷拿一颗吃。

眼尖的妈妈很快就发现了孩子的意图，她用胳膊轻轻碰了小男孩一下，看到男孩转头望向自己，妈妈轻轻地摇摇头。

小男孩不好意思地笑了，迅速把手收了回来。

我发现，在妈妈提醒了两次后，小男孩在整个吃饭的过程中，都表现得很有礼貌，行为举止也很大方。

在孩子的言行出现错误时，父母可以轻言细语地提醒孩子，也可以用肢体语言暗示孩子，这样都能阻止孩子继续犯错，同时也为孩子保留了面子。

※※※　※※※　※※※　※※※　※※※

作为父母，应该树立尊重孩子自尊心的观念，不在人前教子。可以当场提醒孩子，也可以在事后选择比较私密的地方，用温和的话语教育孩子。

事实证明，这样做会使孩子觉得自己受到了父母的尊重，更愿意和父母合作，也更懂礼貌、更加优秀。

你越打骂，孩子越会陷入不断出错的恶性循环

不打不成才，这种观念影响了中国很多父母。不可否认，打骂对一些孩子的教育确实有效，但对于更多的孩子来说，父母越打骂，孩子越错误不断。

孩子犯了错，一些父母缺少耐心，认为打骂教育最有效，还美其名曰让孩子“长记性”。孩子确实记住了，但记住的却是如何犯错。

淘淘是我们小区一个上小学一年级的男孩，数学成绩很差，淘淘妈很着急。为了提高淘淘的数学成绩，她开始每天监督淘淘写作业。

在陪淘淘写数学作业的时候，淘淘妈发现，淘淘总是把三加三错写成等于七。所以，淘淘妈总是一遍又一遍地提醒淘淘：“三加三不等于七，等于六，不等于七。”

可是淘淘呢，总是妈妈说一遍，他就记住一次，不说的话，他又忘了，又把三加三错写成等于七。

淘淘妈非常生气，冲着淘淘大叫：“你怎么这么笨啊，不是给你说过了吗？不等于七，不等于七，你为什么还写等于七呢？”

可是，任由淘淘妈怎么说，淘淘就是记不住。

最后，淘淘妈彻底失去了耐心。淘淘每做错一次数学题，淘淘妈就打他一次。没想到，淘淘妈打得越厉害，淘淘做错的题就越多。

听说这件事后，我觉得淘淘妈真是一位严厉的母亲。对一个刚上小学的孩子来说，恐怕什么是加减法都无法理解，做错题目也属正常。

这让我想起了一个有名的科学实验。研究人员让参加实验的人员“在接下来的10秒，不要去想一头粉红色的小象”，结果，90%以上的人表示他们在想一头粉红色的小象。

其实,教育孩子也是一样。当父母用打骂教育孩子“不要犯错、不准犯错”时，孩子由于心情紧张，只会不断重复错误，陷入一种恶性循环当中。

所以，在孩子犯错后，父母要帮助孩子找到犯错的原因，从根本上解决孩子的问题，而不是用打骂阻止孩子犯错。

※※※　※※※　※※※　※※※　※※※

打骂孩子不仅不能帮助孩子改错，还会增大孩子的压力，影响孩子的身心健康，让孩子变得更加不知所措，在下次做同样的事情时，会越做越糟。

有段时间，我外出参加一个研讨会，回到家以后，桐桐一直黏着我，我走到哪她就跟到哪，甚至连睡觉都要我陪着她。

起初，我没有在意，认为是我有几天没在家，桐桐想我了，所以才一直黏着我。

可是，过了几天，桐桐还是如此。而妻子每次叫桐桐做事时，桐桐总是很不情愿，还总是做错，这和以往的桐桐大相径庭。

晚上，我给桐桐讲完故事后，笑着问她：“桐桐，爸爸发现你最近做事总是出错，都不像原来的你了，你这是怎么了？”

刚刚还乐得哈哈大笑的桐桐，此刻眼泪啪啪往下掉。

我摸摸桐桐的头，安慰她：“桐桐，出什么事了？告诉爸爸，好吗？”

桐桐犹豫了一下，像下了很大决心似的对我说：“爸爸，你说我真的很笨吗？”

虽然桐桐的表述不是很清晰，但我也猜出了大概，我想，可能是妻子或者其他人说了什么贬低她的话。

但我还是说道：“为什么这么问呢？”

桐桐可怜兮兮地说：“上次，我做错了事，妈妈骂我笨，说我做什么事情都做不好。爸爸，我笨吗？”

我抱住桐桐，心疼地说：“妈妈是给你开玩笑呢，妈妈是想让你把事情做对，让你成为一个好孩子。”

“可是，最近妈妈一让我做事，我就害怕，我怕做不好妈妈又骂我。我越害怕，越做错……”

后来，我和妻子好好谈了一次，妻子答应我以后不再骂桐桐。

孩子出错没什么，父母要温和地对待。犯错是个学习的过程，能让孩子由懵懵懂懂到变得独立，父母一定不能打骂孩子。

※※※ ※※※ ※※※ ※※※ ※※※

还有一类孩子，面对父母的打骂时，任打任骂，可事后却又用更严重的错误报复父母。这使得打骂教育不仅无效，还促使孩子犯下更大的错误。

有一次，在公交车上，我听到了长得一胖一瘦的两个年轻妈妈的对话。

瘦妈妈说：“我儿子真是太不听话了，这才上小学，就让我操碎了心。我是管不了他了，他一犯错，我就揍他。”

胖妈妈说：“是啊，现在的孩子都难管，一个个跟小大人似的，满嘴都是歪理，有时候我们做大人的也说不过他，不打还真不行。”

瘦妈妈叹了口气说：“你儿子还好，至少很听话。我儿子就不行了，打了一次又一次，不该犯的错还是一个不落地全犯了。

“上次，我儿子拿水彩笔在桌子上乱画，我一气之下就打了他。当时他可怜兮兮地求饶，说下次再也不敢了。可是今天，他又故伎重演，用水彩笔把墙画花了不说，还一副天不怕地不怕的样子，真是气死我了！”

胖妈妈安慰道：“哎呀，现在哪个孩子不这样啊？其实我儿子也总是闯祸，除了打骂，我都不知道怎么教育他好了。”

听到这里，我已经明白了那个小男孩的心理。因为在桌子上画画被妈妈打了，小男孩心里很不服气，就用画花墙面的方法报复妈妈。

孩子可能不会故意报复父母，但打骂却可能成为导致孩子再次犯错的原因。父母想让孩子改错，结果却让孩子陷入更大、更多的错误之中，这种事情一定要避免。

※※※ ※※※ ※※※ ※※※ ※※※

犯错是成长，父母用打骂帮孩子纠正错误，孩子就会用更多的错误来回应父母的打骂，长此以往，只会陷入恶性循环。

面对错误，父母要给孩子足够的时间，学会等待，等待孩子慢慢成长。同时要考虑到孩子的思考水平和能力，不过高要求孩子，这样才能帮助孩子更好地成长。

你把孩子关进“黑房子”，会让孩子的内心充满恐慌

孩子一出错，有些父母为了图省事，就会把孩子关进“黑房子”，让他进行自我反省。这种把孩子推开的做法，与其说是教育孩子，不如说是给孩子造成巨大的伤害。

很多父母认为，教育孩子不能用体罚的方式，可以采取比较温柔的方式，如关禁闭来让孩子听话。他们没有意识到，从本质上说，关禁闭是一种错误的教育手段。

那天，我去学弟小丁家做客，发现小丁的儿子丁硕似乎变得懂事多了。我一到他家门口，丁硕就把鞋柜里的拖鞋拿出来摆好，然后又请我坐下，拿出水果、瓜子和饮料招待我。

等丁硕离开后，我问小丁 :“小丁，我这才多久没来，你家丁硕怎么变这么老实了？现在比以前懂事多了。”我对教育的问题比较关心，一上来就提出了自己的疑惑。

小丁呵呵一笑 :“丁硕一直太调皮，说他打他都没用，照样整天闯祸。前段时间，我看到邻居用关禁闭的方法教育孩子，孩子一下子就变得听话了，所以我也试了试。”

“哦？”我有些吃惊。

“有一次，家里来客人，丁硕又开始人来疯，还没有一点礼貌。我非常生气，直接把他关到了卫生间里。丁硕吓坏了，在里面大哭起来。

“后来，只要丁硕一不听话，我就把他关在卫生间里。别说，这真是有用。你看现在，丁硕显然变得懂礼貌了。”

我听了，心里有些难过，这才多小的孩子啊，这样关禁闭，是不是也太残忍了些？

我说：“丁硕是比以前懂礼貌了，可就算这样，关孩子禁闭也是不行的。首先，关禁闭只对小孩有效，而且，用得太多，会失效不说，还会给孩子造成巨大的心理压力……”

听我说完，小丁才缓缓说道：“原来关禁闭居然有这么多坏处，我以后会注意点，宁愿要个调皮点的孩子，也不能用伤害孩子换取成长。”

有些父母也像小丁一样，在看到关禁闭起到一定的作用后，就认为关禁闭是一种有效的教育方法，从而一而再再而三地使用。其实，这种方法是没有科学依据的，应该被禁止使用。

※※※　※※※　※※※　※※※　※※※

关禁闭轻则会让孩子产生恐惧、不安的情绪，仇视父母和他人，重则会让孩子变得不自信，形成极端性格，或者过于顺从，或者反抗到底。

一次，我从外面回家，刚走到楼梯口，就看见李大姐的儿子小帅拿着背包气冲冲地从我身边走过。

然后，我又看见了李大姐。一看见我，李大姐一下子控制不住了：“桐桐爸，你说我家这孩子要怎么管才好啊？”

从李大姐的叙述中，我明白了事情的原委。

李大姐是个教师，对小帅要求特别严格。从小帅很小的时候起，每次犯了错误，李大姐就会把他关在阳台上，让他反省。这样几次之后，小帅马上变乖了。

最近，小帅上了初中，在小帅的要求下，李大姐给他换了一个苹果手机。没想到，有了手机以后，小帅上课只知道玩游戏、玩微博，根本不听讲。

今天，李大姐看到小帅不写作业，又在玩手机，一气之下就把手机摔了，并且要把小帅锁在房间里反省。哪知道小帅居然开始反抗，还恶狠狠地对李大姐说："你等着，等你以后老了，看我怎么对你！"

我安慰李大姐："李大姐，你别着急，小孩子青春期脾气大，等气消了就没事了。等小帅回家后，你就好好和他沟通一下，孩子大了，关禁闭对他来说根本没用。"

看到李大姐伤心的样子，我实在不忍心再指责她。其实，小帅会这么逆反，完全就是李大姐一手造成的。

李大姐在小帅小的时候关他禁闭，就已经在小帅心中埋下了反抗的种子。只是当时小帅力量太小。现在，小帅感觉自己长大了，自然也就开始反抗了。

想要靠关禁闭让孩子听话的父母，一定要三思而后行。为了暂时让孩子听话，就牺牲孩子的心理健康，这实在是不值得的。

※※※　※※※　※※※　※※※　※※※

有些父母虽然知道关禁闭会对孩子造成伤害，可总是不得不用。其实，关禁闭是为了让孩子反省自己的错误，想要达到这个目的，还有很多其他的方法。

有一次，家里来客人，桐桐不知道为什么，突然耍起了小姐性子。我和客人在客厅聊天时，桐桐就在客厅玩积木，还把积木弄得哗啦哗啦响。

与桐桐商量未果后，我和客人转移到书房聊天，没想到，桐桐又把客厅的电视及音响打开了，大声放音乐。

这下，我真的生气了。聊天是没办法继续了，我只好一边表示歉意，一边把客人送出了家门。

我回到客厅后，立刻把电视关了，还没等我开口，桐桐就笑嘻嘻地说："客人终于走了，爸爸，你陪我玩吧。"

看到桐桐没有认识到自己的错误，我决定惩罚她一下，让她坐在客厅角落的凳子上，反省三分钟。

三分钟一到，我就让桐桐重新坐到沙发上，一边搂着她，一边轻声问她："桐桐，现在，你知道自己哪里做错了吗？"

桐桐低声说："我不该在你和叔叔说话的时候玩积木、放音响，让你们没办法说话。”

我说：“对，爸爸教过你，我们要对客人有礼貌。如果你想和爸爸玩，应该告诉爸爸。如果下次有客人来，你要怎么做呢？”

桐桐想了一下，然后说：“下次再有客人来，我会做个懂礼貌的好桐桐。”

父母想要让孩子反省，可以让孩子独自待上3~5分钟，但注意不要把孩子关在封闭的空间中，容易让孩子产生恐惧心理。

在孩子反省过后，父母要询问孩子的感受和对错误的认识，让孩子明确正确的做法，同时也要注意安抚孩子的情绪。

※※※ ※※※ ※※※ ※※※ ※※※

把孩子关进“黑屋子”，可以暂时帮助父母管住孩子，但时间长了，这种做法肯定会出现很多的弊端，最终导致孩子的性格懦弱或极端反抗。

想要让孩子冷静一下，反省自己的错误，父母可以把孩子带到一个安静的环境，给孩子一定的时间思考，帮助孩子认识并改正错误。

奖励一旦给出，就不要收回，这样会让孩子不服

很多父母喜欢用惩罚与奖励相结合的方式来教育孩子，也确实取得了很好的效果。然而，有些父母利用收回对孩子的奖励来教育孩子，结果让孩子很不服气，有违教育初衷。

父母在教育孩子无效时，总是会使出杀手锏——没收以往给予孩子的奖励，以此来教育孩子，让孩子听话。

在一次家长交流会上，有位叶女士问我："成老师，最近我和我儿子闹了点矛盾，我没收了给他的奖励，结果他好几天不和我说话。我该怎么办？"

原来，叶女士的儿子因为经常和同学打架，被学校劝退了。叶女士没办法，只好帮助儿子转学，同时，决定好好教育儿子一番。

可不管叶女士怎么教育，儿子就是不听，一边玩平板电脑，一边敷衍她。叶女士一生气，就提出要没收小宝的平板电脑，小惩大诫。

小宝很不服气："平板电脑是你奖励给我的礼物，送给我了就是我的了，哪有送给别人礼物还要回去的？"

虽然叶女士坚决地收回了儿子的平板电脑，可看到儿子满脸失望的表情，她也开始反省自己这样做是不是错了。

我笑着对叶女士说："我想，其实问题的答案你已经知道了，你没收了儿子的东西，结果导致儿子心生不满，这样的结果肯定出乎你的意料。

“其实，你想教育孩子的心没有错，但孩子总打架，你要先弄清楚孩子打架的原因，然后再对他进行教育。教育的时候也要和孩子讲道理，不能蛮横地没收孩子的心爱之物。”

听了我的话，叶女士点点头：“成老师，你的话我记住了，我回去会好好和孩子谈谈。”

奖励既然给了孩子，除非你给的奖励会威胁到孩子的安全，否则就不要收回。收回奖励对孩子来说就是一种掠夺，会让孩子心生不满，也会影响亲子关系。

※※※　※※※　※※※　※※※　※※※

一个小小的奖励在父母看来不算什么，但是在孩子看来，那是对自己努力的肯定。父母没收奖励，就相当于否定了孩子的努力。

我有一个初中同学，是全校出了名的调皮学生。一次，同学在学校运动会上得了跑步第一名，爸爸奖励了他一个北京大学的校徽。

那时候，北京大学对我们来说是一个非常美好的梦，看到北大校徽的我们纷纷向同学投去羡慕的目光。

同学得意极了，每天都把北大校徽别在衣服上。那段时间，我发现那个同学变得安分多了，既不打架，也不在课堂打扰老师讲课。

现在想来，可能是那个北大校徽激发了同学的自尊心，他也想试着做个好学生，成为众人佩服的对象吧。

那天，我的同学不知道因为什么事情，又和邻班的同学打架了。他爸爸听说后，立刻赶到学校，当着大家的面，把那个同学痛打了一顿。

更让同学伤心的是，爸爸还把奖励给他的北大校徽扯了下来，并且指着同学的鼻子说：“你就不配带着这个校徽！真给老子丢脸！”

那天以后，同学又恢复了以往坏学生的形象，每天打架、挑衅老师、打扰同学学习。没过多久，他就被学校开除了。

现在，我每当看到打架的孩子，总是会莫名其妙地想起那个初中同学。现在，也不知道他过得怎么样。

我想，如果当初那个同学的爸爸没有打他，没有扯下那个同学引以为傲的校徽，事情的发展可能就不是以后的那个样子。

或许，同学会慢慢变得开始喜欢学习，慢慢开始为自己的人生奋斗，慢慢成为一个更加优秀的人。

父母是因为孩子有进步，才会给予孩子奖励，这是对孩子莫大的肯定。收回奖励，让孩子原本愿意继续努力的心受到了打击，结果停滞不前。

※※※　※※※　※※※　※※※　※※※

父母不会无缘由地收回给孩子的奖励，大多是想小惩大诫。可没收奖励，会让孩子心中仅存的一点内疚心和责任感也消失殆尽。

在桐桐的要求下，我给桐桐买了一个 mp3 作为她努力学习的礼物，这让桐桐非常高兴。平时就喜欢听歌的桐桐，有了 mp3 以后，更是每天把耳机挂在耳朵上。

这让妻子很看不惯。

有一次，妻子正在炖鸡，突然接到公司的电话，要她回去处理一点事情。妻子一边换衣服，一边告诉桐桐，让她半个小时后按下保温键。

桐桐点头答应了。

妻子走后，桐桐光顾听歌，把炖鸡的事情给忘记了。等到后来，桐桐闻到一股煳味，才突然想起妻子的嘱咐。

桐桐掀开锅盖才发现，电饭锅里的水早就已经煮没了，鸡也煳了。桐桐为了掩饰自己的错误，把鸡拿出来撕掉煳了的部分，又把电饭锅洗干净加了水，把鸡重新放到里面煮。

即便桐桐做了这些工作，还是没有逃过妻子的眼睛。在妻子的质问下，桐桐把事情的经过全都说了出来。

妻子很生气，直接没收了桐桐的 mp3，并且告诉她，会把 mp3 送给别人，让她别想着要回去。

桐桐也非常生气，她认为自己已经知道错了，妻子却仍然惩罚她，是因为妻子不讲理。在和妻子吵了一架之后，桐桐气得跑回了房间。

从妻子那里听说了这件事后，我来到桐桐房间，桐桐一看到我就说："爸爸，你不要帮妈妈说话，我本来是觉得挺内疚的，可妈妈没收了我的 mp3，也算是对我进行惩罚了，我现在不觉得自己做错了什么。”

没收奖励，会让孩子觉得自己已经为过错付出了代价，不用再为错误负责。所以，父母一定要谨慎对待没收奖励这件事。

※※※　※※※　※※※　※※※　※※※

奖励既然给了孩子，就不要想着收回，这对孩子来说是一种赤裸裸的掠夺，会让孩子心生不满，感觉自己受到了父母的打击，也容易让孩子轻易原谅自己的过错。

在教育孩子时，不管孩子犯了多大的错误，都不要用没收奖励这种幼稚的手段惩罚孩子，以免造成不必要的教育负担。

你威胁孩子，孩子便会用威胁的手段对待你的威胁

父母用威胁制服孩子，就算孩子一时听话了，也是屈从于父母的权威，而非真心改过。这样的教育，不仅毫无意义，还极有可能让孩子学会以威胁对抗威胁。

稍稍留心一下，我们就会发现，父母威胁孩子似乎成了社会常态，大家都这样做，也就见怪不怪了。

最近，小区附近新开了一家幼儿园。这天，我在路过幼儿园门口时，看到小区的小李也来送女儿妞妞上学。妞妞站在幼儿园门口，不愿意进去。小李站在一边，显得很尴尬。

看到了我，小李不好意思地说："这孩子，总是不愿意上幼儿园。"说着，小李弯下腰来，要抱着妞妞进幼儿园。

妞妞慌了，立刻一屁股坐在地上，开始大哭起来，一边哭还一边喊着："我不要上幼儿园，我不要上幼儿园。"

见女儿坐在了地上，小李沉不住气了，她一把拉起坐在地上的妞妞，威胁说："你再哭，再哭妈妈就不要你了！"

妞妞一听，立刻止住哭声，仅仅抱住小李的腿，生怕小李扔下自己不管似的。

看到威胁起了作用，小李原本阴沉的脸变得明朗起来，她笑着哄劝妞妞：

“乖，快点进去，幼儿园里多好玩啊，快进去吧。”

听到还得上幼儿园，妞妞又哭了起来，这下彻底让小李崩溃了。小李不顾哭闹的妞妞，大声训斥：“你再不进去，我下午就不来接你了，让警察叔叔把你抓走！”

最终，妞妞在小李的威胁下带着眼泪走进了幼儿园。

后来，小李告诉我，妞妞太爱哭，有时候实在被她弄烦了，小李就会威胁妞妞。“再哭我就不要你了”“不听话就把你送给乞丐”等，就成了小李的杀手锏。

其实，我很清楚，像小李这样出于无奈威胁孩子的父母大有人在。威胁孩子或许能当场见效，可对孩子也会造成巨大的心理负担，伤害孩子的幼小心灵。

※※※　※※※　※※※　※※※　※※※

如果有更好的方法，我想很多父母都不愿意威胁孩子。为了减少麻烦而威胁孩子，这种行为是非常自私的，也容易让孩子变得善于威胁他人。

一个从事儿童心理咨询的朋友给我说过这样一个案例：

美美是个初中生，成绩不错，长得也挺漂亮，在外人看来是个很优秀的孩子。可不知道为什么，美美最近一有不顺心的事情，就威胁父母要自杀。

美美妈妈担心孩子心理有什么问题，就来向我的朋友咨询。

据美美妈说，最开始美美说要自杀，是由一台笔记本电脑引起的。当时，美美提出要一台笔记本电脑学习，妈妈觉得家里有台式电脑，没必要再买。

没想到，一听到妈妈这么说，美美就随手拿起水果刀，横放在自己的左手腕上，威胁妈妈说：“你不给我买，我就自杀。”

后来，美美妈担心她做傻事，就答应了美美的要求。完全出乎美美妈妈意料的是，从那以后，美美又多次用自杀来威胁她。

朋友觉得，孩子出问题，原因肯定在父母身上。后来经过交流才知道，美美爸从小就用威胁的手段教育她，这才让她学会了威胁父母。

朋友严肃地说：“父母威胁孩子，即使事情过去很久了，影响依然会存在。孩子小的时候，虽然不知道怎么威胁父母，但却知道威胁可以让人达到目的。

当孩子长大后，自然也就学会了威胁父母，让父母就范。”

听完朋友讲的案例，我点头表示赞同。

美美的事情告诉我们，父母一定要尽量避免用威胁的手段对待孩子，否则事情极有可能朝不好的方向发展，造成两败俱伤。

※※※　※※※　※※※　※※※　※※※

不威胁孩子，似乎说起来容易做起来难，当孩子不理会父母的教育，依然我行我素的时候，很多父母都忍不住威胁孩子。其实，想要不威胁孩子也不是那么难。

妻子对桐桐的教育一直比较严格，而桐桐的脾气又比较执拗，两个人经常发生矛盾。有时，妻子气急了，对桐桐的威胁就会脱口而出。

有一次，桐桐一大早就和妻子闹开了，原来桐桐不愿意换睡衣，可下午妻子有个同事要过来，她就要求桐桐换上裙子。

看到桐桐这么不听话，妻子生气了，大声对桐桐说：“你再不把裙子换上，我就把你扔到门外面！”

面对妻子的威胁，桐桐一点也不害怕，依旧笑呵呵地说：“你扔，你扔啊，你扔了，爸爸再帮我捡回来。”

我把妻子拉到一边，安慰她说：“你先让桐桐静一静，你也冷静一下，不要管她了，让她自己反省一下吧。”

妻子听了我的话，就去做自己的事情了。

午饭时，妻子装出还在生气的样子，故意不理睬桐桐。桐桐看到了，小心翼翼地对妻子说：“妈妈，吃完饭后，我把裙子换上，你别生气行吗？”

看到妻子没有说话，我笑着对桐桐说：“桐桐放心，妈妈没有生你的气。”

听到我这么说，妻子也很配合地笑了笑：“是啊，妈妈怎么会生桐桐的气呢？妈妈不生气。”

桐桐笑了，又恢复了以往的活泼。

当对孩子讲道理没有什么效果时，父母千万不能动怒，更不能威胁孩子。父母可以用“搁浅现场”的方式，一来让自己冷静下来，二来也给孩子接受的时间，这样能够帮助孩子认识到自己的错误，进而改正。

※※※　※※※　※※※　※※※　※※※

父母威胁孩子，会给孩子造成巨大的心理负担，让孩子变得闷闷不乐，甚至产生恐惧心理。同时，也有可能让孩子学会用威胁对待父母。

在孩子看来，父母威胁自己的话一般都不可能兑现，所以父母要尽量避免威胁孩子。在劝不住孩子的时候，可以采用冷处理的办法，打击孩子无理取闹的热情，让他变得冷静。

第三章

说服

——非惩罚性教育第一重修炼

说服，就要让孩子心服口服，说而不服还不如不说

大多数父母都会对孩子进行说教，却不去考虑孩子有没有把自己的话听进去，更不会去想孩子是不是服气，这样的说教，还是没有的好。

想要说服孩子，父母要注意，不要用居高临下的口气和孩子说话。孩子不是犯人，父母也不是绝对的权威，要用亲切的语气和孩子交谈，孩子才有可能被说服。

一次，和母亲聊天，在我把母亲逗得哈哈大笑后，母亲笑着对我说："看你现在这个样子，谁能想到你小时候那么内向啊？"

我笑了笑，没有说话。

那是在小学三年级，爱玩的我考试成绩很差。父亲知道后，打了我一顿，并且开始严格监督我的学习。

每天，我一放学回到家，父亲就对我说："快去写作业！"我写完作业，刚想出去玩，父亲又命令我："不准出去玩，看书！"

就这样，在父亲的压制下，原本活泼好动的我变得内向起来，很少和同学交谈，下课了也不出去玩，总是一个人唉声叹气。

父亲看到我每天沉默不语，心情也变得沉重起来。终于，在一个午后，父亲把我叫到院子里，对我训话。

父亲一边用眼睛盯着我，一边问我："我让你好好学习，监督你学习，你是不是觉得委屈了？"

我不说话，只是轻轻摇了摇头。

父亲叹了口气接着说："你觉得你学习是给谁学的？是替我学的吗？儿子,爸爸知道你喜欢玩,可玩不能当饭吃啊。爸妈没文化,这才吃了这么多苦，你不能走我们的老路啊。这才上三年级，你就不好好学习，以后不就更跟不上了吗？"

从那以后，我才开始把学习当一回事，而父亲也恢复了以往的样子，不再用命令的口气和我说话了，而我也重新变得活泼开朗起来。

专制的父母会令孩子望而生畏，孩子虽然表面服从了，可内心还是不服，这样的教育会导致孩子错误百出，父母一定要避免居高临下的高姿态向孩子发话，而要尊重孩子，用疼惜的话语和孩子说话。

※※※　※※※　※※※　※※※　※※※

除了不能用专制、强横的话与孩子交流外，父母也要尽量避免用情感绑架孩子，让孩子为了孝顺不得不按父母说的做。

小兰是我远房叔叔家的女儿，大家都说她是个快乐的孩子，乖巧懂事，从来不用父母担心。但我知道，事情并不是这样的。

有一次，我跟着母亲去参加一个亲戚的婚宴，小兰和婶婶也在。母亲问婶婶："小兰今年上初三了吧？是不是也准备考高中啊？以后家里能出个女大学生，可是一件非常光彩的事情呢。"

婶婶看了小兰一眼，轻蔑地说："就她那个脑子，还考大学呢，能考上高中才怪呢。再说了，小丫头上什么高中？能上到初中，认识几个字，会算个账就行了。"

婶婶说这话时，小兰的眼睛一下子红了，眼泪在眼眶里打转。随后，她又低下了头，用手摆弄衣襟。

母亲说："话不能这么说，小兰的成绩挺好的呀，不上学太可惜了。再说了，你不让她上学，以后孩子长大了，也会怪你的……"

"哟，她还敢怪我！"不等母亲说完，婶婶就打断了母亲的话，"我每天供她吃，供她喝，还供她上学，怎么？我还要供她上大学？

“女儿以后是要嫁人的，都是人家的人，我不让她替我赚几年钱，我岂不是白养她了？再说了，家里条件这么差，哪有钱给她上学？”

说到这，婶婶话锋一转：“不过，我知道我家小兰是孝顺孩子，不会让我和她爸爸太辛苦的，这孩子懂事得很，是吧，小兰？”

我看着小兰，她的眼泪已经流了出来，显然，她很不赞成婶婶的话，但让我意外的是，她还是点了点头。

在那天的喜宴上，我和小兰都没有吃好。小兰是在伤心自己以后没有办法上学了，而我则是同情她的遭遇。

父母以爱为借口，要求孩子服从自己，是一件多么可笑的事情。既然让孩子这么委曲求全，又怎么能算得上爱孩子呢？就算是孩子暂时服从了父母，这样的教育也是失败的教育。

※※※　※※※　※※※　※※※　※※※

父母认为，自己做的事情都是为了孩子好，所以习惯性地为孩子决定，而不知道用道理说服孩子，这样会造成很糟的结果。

桐桐从小就喜欢画画，在她的要求下，我给她报了绘画班。随着幼儿园、小学、初中的不断变化，桐桐画画的水平也有了很大的进步。

记得在桐桐中考前的两个月，妻子对我说：“眼看就要中考了，不如帮桐桐把绘画班取消了吧？让她好好准备考试，等中考完了再继续画。”

我点头表示赞同：“你找个时间和桐桐商量一下吧。”

可是，令我没有想到的是，妻子没有告诉桐桐，就帮她把绘画班取消了，结果引发了一场大战。

那天是星期天，桐桐正要背着画板出去，妻子对她说：“桐桐，绘画班我给你退了，你今天就在家里好好学习吧？”

“什么？退了？你为什么不和我商量一下？”桐桐很生气，我也有些惊讶。

“桐桐，妈妈是为你好，这还有两个月就要中考了，画画太耽误时间了，有这个时间你还不如多做几道题，争取中考考出个好成绩呢。”

看到桐桐情绪这么激动，我安抚她说："桐桐，你先静一静，你听爸爸说，你情绪这么激动，怎么能画好画呢？"

"爸爸，你让我继续画画？"

"当然了，画画是你的自由，爸爸妈妈都不会干涉的。桐桐，妈妈没有和你商量，就直接取消了绘画班，是妈妈做得不对。不过，帮你取消绘画班，爸爸也是赞同的。你最近太辛苦，一边要做大量的习题，一边还要忙着练习画画，爸爸妈妈看着实在心疼……"

桐桐点了点头，然后对妻子说："妈妈，下次要有这样的事情，记得和我商量一下，我也有选择的权利。"

妻子点头答应了。

在与孩子进行沟通时，讲道理是一种很好的方法，也是充分尊重孩子的体现。父母要试着跟孩子讲道理，用道理说服孩子。

※※※　※※※　※※※　※※※　※※※

父母不要专制、霸道，妄想用权威压制孩子，让孩子服从命令，更不能用情感为难孩子，让孩子被迫妥协。

真正爱孩子，想要真正说服孩子，就要站在孩子的角度思考问题，用温柔的语气和孩子对话，并且用讲道理的方式进行沟通，这样的说服才有效。

善于倾听，先听听孩子怎么说，再考虑自己怎么说

善于倾听的父母，要具有耐心，不会任意打断孩子的话，还能对孩子的话表现出兴趣，从中听出孩子的真实想法。

有些父母在和他人谈话时，总是耐心倾听，可一面对孩子，就变得不耐烦起来。这样做是不行的，要知道，倾听对孩子的成长非常重要。

桐桐上小学的时候，总是喜欢给我灌迷魂汤，每次想和我说话的时候，她总会先说一句："爸爸，我最喜欢和你说话了。"

有一次，我故意问桐桐："你为什么喜欢和爸爸说话呀？"

桐桐想了想，说："不知道，就是喜欢。我同桌就不喜欢和他爸爸说话，他说话他爸爸都不听，还说他太吵。"

桐桐太小，在分析事情的时候还存在障碍，但我却从她的回答中听出了她的意思：因为我善于倾听，所以她喜欢和我说话。

我不禁想到了我和桐桐说话时的情景。

桐桐是个话痨子，每天放学回家后，总喜欢把一天的见闻说给我听：老师又批评谁谁谁了、谁谁和谁谁打架了、谁谁被老师表扬了……

每当这个时候，如果不是很忙，我就会放下手中的事情，和桐桐一起坐在柔软的沙发上，耐心地听她说。

有时如果太忙，我就会跟桐桐商量："桐桐，爸爸现在有件事急等着做，你先去写作业，写完作业再说给爸爸听，好吗？”

曾经，我也想过一边做事一边听桐桐说话，但那样势必会影响桐桐说话的心情，也影响倾听效果。

每次和桐桐说话，我总是尽可能地保持微笑，尽管桐桐的话大多是重复的、可笑的，可我还是忍住这种想法，保持兴致勃勃的样子。

桐桐看到我这样，说话的兴致就更浓厚了。

我们常说，倾听是一门艺术，倾听孩子说话更是一门学问。父母只有善于倾听，孩子才愿意说，父母才知道该怎么说。

※※※　※※※　※※※　※※※　※※※

有耐心是倾听的第一步，如果能融入一些兴趣，就能刺激孩子的说话欲望，让倾听得到更好的效果。

那天，我陪桐桐在花园里玩，听到了一对母女的对话。

“宝贝，今天在学校过得愉快吗？”妈妈问道。

“嗯，妈妈，今天我们老师还表扬我了呢！”女儿兴奋地对妈妈说。

“哦？宝贝真厉害！能不能告诉妈妈，老师为什么表扬你啊？”妈妈睁大了眼睛，兴致勃勃地看着女儿。

“今天下午，我们班李琳跌倒了，把膝盖都磕破了，她坐在地上一直哭……”女儿一边说，一边陷入回忆。

妈妈好奇地看着女儿，问道：“然后呢？”

“同学们看着李琳，都不知道该怎么办。我也很害怕，后来我想起了老师，就跑去办公室里找老师。”

妈妈点点头，表示赞成女儿的行为。

“老师带着李琳去了医务室，包扎好了以后，就让李琳妈妈把她接回家了。后来，老师在课堂上表扬了我，夸奖我关心同学。”女儿喜滋滋地炫耀道。

妈妈微笑着看着女儿，竖起大拇指说：“宝贝，你真棒！”

父母在倾听的过程中，可以适当加入一些表情、语言表达，例如可以对孩子微笑，可以说“太棒了”“真好”这样的话，以表示对孩子说的事情抱有兴趣。

※※※　※※※　※※※　※※※　※※※

倾听除了用耳朵，还要用心，要站在孩子的角度思考孩子的话，只有这样才能理解孩子说的话，才能听出孩子的真正用意。

上了初三以后，桐桐的情绪变得有些不稳定。一天晚上，桐桐突然对我说："爸爸，要是现在是暑假就好了！"

我自认为比较理解桐桐的心理，于是问道："最近学习很辛苦吧？你是想好好在家休息几天？"

"是啊，要是暑假，我就不用上学了！我真的不想去上学呢。"

"是不是学习压力太大了？"

桐桐点点头："对呀，是有点大。我是学习委员，老师总是让我帮其他同学学习。早知道这么累，我当初就不竞选了。"

我说："帮助其他同学学习，是很辛苦？"

"是啊是啊，每天课间都有同学问我题，我连上厕所和准备课本的时间都没有，真是讨厌呢。"

"你讨厌帮同学讲解题目？"

"也不是，我只是讨厌这些看着我在忙，还非要让我给讲解题目的同学。"

"他们一定让你很苦恼。"

"嗯，我每次都要放下自己手头上的事情去帮助他们，耽误了我的时间不说，他们还觉得我是应该的，连句谢谢都不说。"

"这些同学这样做，真是不应该。"

"嗯，有时候想到他们，我都不想去学校，这样就可以不用见到他们了。"

"其实，你还是很喜欢上学的，也很乐意帮助别人，只是那些不懂感谢的人，让你觉得很烦心。"

"嗯，好像是这样。"

通过对我倾诉，桐桐明白了自己不想上学的真正原因，而我也了解了桐桐的真实想法，为她提出了可靠的解决方法。

试想，如果在桐桐一开始说"不想上学时"，我就打断她的话，对她进行教育重要性的说教，那么，就不会发现桐桐情绪不稳定、不想上学的真正原因，甚至还有可能让桐桐更加厌恶学校。

在倾听孩子时，要带上一颗理解的心，不要用自己的想法去判断孩子话语的对错，而是尽量了解孩子的感受，帮助孩子理清自己的思绪。

※※※ ※※※ ※※※ ※※※ ※※※

倾听是一门学问，说难也难，说易也易，就看父母是如何对待的。父母竖起耳朵、用心倾听，就能听出孩子的真实想法。

倾听是教育的开始，每个孩子都渴望父母能够倾听他们的话，渴望得到父母的理解。而只有会听的父母才会说，才能真正把话说到孩子的心窝里，让孩子接受更好的教育。

你先为孩子辩解，孩子才会比较容易被你说服

说服孩子时，为孩子辩解，看似是在帮助孩子逃避责任，背离教育初衷，实则不然。先为孩子辩解，让孩子以为你和他同一战线，才容易说服孩子。

在很多成年人心中，听话的孩子才是好孩子。所以，每当孩子不听话，或者不服教育时，很多父母就开始抓狂，非要孩子听自己的不可。

自从桐桐养了金鱼后，周围的小朋友就隔三差五地往我家跑，来看桐桐的金鱼。桐桐感觉很自豪，对金鱼更加用心了，总是催着妻子给金鱼喂食。

这天吃饭时，桐桐吃了两口就不愿意再吃了，妻子劝她说："桐桐，多吃点，吃得多你才能长高，才能长大啊。"桐桐这才把饭吃完。

晚上，妻子想要帮金鱼喂食时，突然发现鱼缸的水面上漂着两只死金鱼，肚子胀鼓鼓的。不用说，金鱼肯定撑死了。

看到鱼食有人动过，妻子问我是不是喂过鱼食了。得知我没有喂过后，妻子生气地批评桐桐："给你说过多少次了，不要喂金鱼，金鱼吃多了会死的！"

桐桐一边捂着耳朵，一边很不服气地说："我没有喂金鱼，金鱼是自己死的，怎么能怪我呢？妈妈真坏！我以后再也不养金鱼了！"

"是啊，妈妈是不好。"我接过桐桐的话，继续说，"桐桐这么喜欢金鱼，是不会把金鱼弄死的，桐桐肯定希望看着金鱼长大呢。”

桐桐点了点头，不再说话。

晚上，桐桐对我说：“爸爸，谢谢你今天替我说话。”

我笑着说：“爸爸说的是事实，桐桐是个善良的孩子，肯定不会故意伤害小金鱼的。不过，爸爸想告诉你的是，下次喂金鱼时，一定要少喂一点。”

可能是因为我帮了桐桐，桐桐乖巧地点头答应了。

想要说服孩子，并不是什么难事，比起斥责孩子，父母为孩子辩解反而更能使孩子心存感激，让孩子愿意听父母接下来的教导，这样也更容易说服孩子。

※※※　※※※　※※※　※※※　※※※

帮助孩子辩解，能够让孩子感觉自己受到了父母的尊重，感觉自己和父母是朋友，对于朋友的话，孩子当然能够听得进去。

同学老赵的儿子既听话学习又好，引来了一帮同学的羡慕。在一次同学聚会上，大家纷纷问老赵：“你是怎么让儿子听话的？”

老赵哈哈大笑：“我哪里是让儿子听话啊，每次儿子做错事，我可都是帮着他说话，从来不教训他啊。”

说完，老赵讲了最近发生的一件事情。

前段时间，儿子喜欢上了班里的一个女孩，这事不知道怎么被班主任知道了。班主任打电话告诉了老赵妻子，让她好好教育一下儿子。

老赵妻子苦口婆心地劝了儿子一晚上，儿子就是不为所动，还顶嘴说：“恋爱是我的权利，也是我的自由，你无权干涉。”

老赵妻子没办法，只好把这件事扔给了老赵，责令他一定要把这件事情办好，让儿子断了和那女孩的来往。

晚饭时，老赵问儿子：“听你妈说，你谈恋爱了，这事是真的还是假的啊？”

儿子看了一眼老赵，不好意思地点点头。他觉得，老赵也会像其他父母那样教育自己，责骂自己早恋。

可是，老赵却笑着说：“行啊，儿子，你都谈恋爱了，到底是长大了啊。

你也不小了，有喜欢的女孩也是正常的事情，只要不耽误学习，不做出不该做的事情就行。

“不过，爸爸希望你可以更慎重一些，毕竟恋爱不是小事，咱是男子汉，要对人家的感情负责。”

后来，儿子神秘地告诉老赵，他决定和那个女孩做朋友，等上了大学再恋爱。

孩子出现问题，父母先帮孩子辩解，然后再把道理讲出来，把现实情况讲清楚，让孩子做出正确的选择。

※※※　※※※　※※※　※※※　※※※

有些时候，父母为孩子辩解，反而能让孩子主动认识自己的错误，还不等父母说服教育，就已经被说服了。

一天，原本在楼下玩的桐桐，突然哭着跑回家。我还没有反应过来，桐桐就冲进卧室，把卧室的门反锁上了。

这时，一楼的王姐带着儿子贝贝找上门来，说桐桐和贝贝打架，还把他的衣服撕破了，胳膊上也抓出了血痕。

桐桐淘气不是一天两天的事儿了。妻子听了，立刻火冒三丈，“哐哐哐”大声敲着房门，一边批评桐桐，一边向王姐道歉。

送走王姐后，桐桐终于从房间里出来了。妻子刚要训斥桐桐，桐桐就先开口了：“我没错，就没错，你打我也没错！”

妻子很惊讶，我说：“妈妈不会打你的，我们桐桐是好孩子，肯定不会无缘无故打贝贝的，出了什么事情了吗？”

桐桐一边抠着指甲盖，一边说：“爸爸，不是我的错。我没打贝贝，是他自己摔倒的。”

“哦，那他的衣服肯定也是自己撕破的，胳膊也是自己抓伤的了。”我故意装出自信满满的样子说。

桐桐点点头。然后继续说：“嗯，我正在玩娃娃，贝贝说我的娃娃就像个乞丐，我就生气了，说他是个大坏蛋。贝贝动手打我，我就推了他一下，结果把他推到花园里了。”

我故意说着反话："嗯，所以他的衣服才会破，胳膊上才会有血痕的呀。这么说，还真不是桐桐的错。"

刚刚还不愿意认错的桐桐，突然显得不安起来。想了一会儿，桐桐突然改口说："不是的，爸爸，是我的错，我不应该把贝贝推到花园里，让他把衣服刮破了，还把胳膊刮出了血，贝贝肯定很疼。爸爸，我错了。"

看到倔强的桐桐认错，妻子显得有些诧异。我朝妻子神秘地笑了笑，然后带着桐桐到楼下向贝贝道歉。

父母在为孩子辩解时，要尽可能地还原事实，让孩子一眼就看出自己的错误，这样，孩子会被心中的道德意识驱使，做出正确的行为。

※※※　※※※　※※※　※※※　※※※

为孩子辩解，不是让父母无条件地偏袒孩子，也不是让父母溺爱孩子，而是从孩子的角度出发，替孩子说话，让孩子放松警惕，引出孩子的真实想法。

然后，父母再针对孩子的心理和想法进行说服教育。一旦孩子认为父母是为自己好，也就容易被说服了。

有理不在声高，说服不必借助大喊大叫，讲道理即可

有些父母以为，大声讲话有助于说服孩子，其实，大声教育完全不必，还容易让孩子分心。掌握一定的说服技巧，能让说服更成功。

生活中，随处可见父母大声呵斥、恐吓孩子的情况，一方面是由于父母很生气，另一方面是因为有些父母认为，轻言轻语的教育不能引起孩子的注意。

我和桐桐在小区的水果店买了一个大西瓜，正高高兴兴地往家走，突然，一个裂开的西瓜滚到了脚下。

我一怔，随即抬头往前看。原来，是一个小女孩不小心把西瓜掉在了地上。

小女孩的妈妈捡起西瓜，气呼呼地教育小女孩："你这孩子，不让你拿西瓜你偏拿，好好的西瓜让你摔裂了。"

小女孩沉默不语，紧紧跟在妈妈身后。

看到小女孩不说话，妈妈教训得更来劲了："下次我不让你拿东西，你就不要拿，听到没有？再捣乱我就揍你！"

小女孩一边抹眼泪，一边吓得直点头。

看到那对母女走远了，桐桐才拉了拉我的手，对我说："爸爸，那个阿姨真凶。”我点点头，把桐桐的手拉得更紧了。

我想：直到妈妈教训完女孩，女孩也不知道自己手上的西瓜为什么会掉在地上，不知道该怎么正确拿西瓜，这样的教训又有什么意义呢？

相反，如果妈妈没有训斥小女孩，而是告诉她为什么西瓜会从她的手上掉下来，要怎么拿，才能把西瓜拿稳。讲出这样的道理后，女孩就容易记住这次错误，并且在下次拿西瓜时尽量避免再把西瓜摔了。

当父母对孩子大喊大叫时，确实能把孩子镇住。但看似服从教育的孩子，此时内心却在想着怎么能让父母早点结束训话，根本没有注意听父母的话，更不可能反思自己了。

※※※　※※※　※※※　※※※　※※※

用讲道理让孩子听话，有两点需要注意。其中一点，也是最重要的一点就是讲道理要符合孩子的理解能力。要知道，讲道理的关键不是你说了什么，而是孩子理解了什么。

桐桐从小就喜欢吃糖，而且没有糖就不吃饭。只要不给她糖吃，她就哭闹，妻子虽然一遍遍给她讲，糖吃多了会有蛀牙，可她总是不听，妻子只好妥协。

看到桐桐的牙齿已经有蛀牙了，我觉得不能再放任她了。于是，晚上睡觉前，在给桐桐讲故事时，我讲道：

“有一只漂亮的小猴子，它特别爱吃，吃饭的时候要放糖，喝水的时候也要放糖，连睡觉也要抱着糖罐睡觉。

“可是有一天，小猴子吃着吃着，突然感觉牙齿很疼，疼得它满地打滚。妈妈带着小猴子去看医生，医生告诉它们，小猴子吃了太多的糖，牙齿被虫吃了，要把牙齿拔掉。

“小猴子开始后悔吃这么多糖了。最后，医生帮小猴子把牙齿拔掉了。小猴子拿起拔掉的牙一看，整个牙齿黑黑的，牙齿中间都是空的。

“拔完牙以后，小猴子的牙疼了好几天才好，吃东西也特别不方便。小猴子决定，以后再也不吃这么多糖了。”

讲完故事，我对桐桐说：“小猴子吃了太多的糖，还不刷牙，结果牙齿被虫吃了，真是可怜，桐桐的牙齿这么漂亮，以后一定要少吃糖，不能让虫把牙齿吃了。”

桐桐点点头，答应了。

从那以后，桐桐吃糖的次数果然减少了。

说服孩子时，对较小的孩子，可以用讲故事的形式把道理讲清楚；而对于大一些的孩子，则可以用启发让孩子明白道理；对于有一定理解能力的孩子，则可以直接对其讲道理。

※※※　※※※　※※※　※※※　※※※

用道理说服孩子，还有一点很重要的是，要注意孩子的情绪。和大人一样，孩子在情绪好的时候比较容易接受父母的建议，情绪不好则容易产生抵触。

桐桐上高中后，看到周围的女孩都开始扎耳洞，而且有的女孩还扎上好几个，感觉很吸引人，就决定要扎耳洞。

我一直都不赞成孩子在打扮自己上花工夫，所以很想劝劝桐桐，让她放弃这个想法。

还没等我行动，妻子就沉不住气了。

那天，桐桐一回到家，妻子就对桐桐说：“桐桐，你现在还是学生，扎耳洞不合适。再说了，你现在应该把精力放在学习上，而不是外表上。”

桐桐很不服气：“凭什么啊？别人都能扎，就我不能扎啊？我已经长大了，不是小孩了，我有自己的权利。”说完，就气冲冲地回房了。

第二天放学回到家，桐桐兴冲冲地对我说：“爸爸，我的画在比赛中得了奖，校长在全校表扬我了。”

“哇，真棒！”我冲着桐桐竖起了大拇指，同时试探性地问她，“除了被校长表扬了，还有其他什么高兴事儿吧？”

桐桐不好意思地嘿嘿一笑：“爸爸，这都被你看出来了。我听到我们班男生和其他班男生议论我，说我漂亮而且有气质，和其他女孩不一样。”

我趁机夸奖桐桐：“那当然，也不看看是谁闺女，我家桐桐就是漂亮，就是有气质。那些扎着耳洞、化着妆的女孩，和你根本就不是一个层次。”

桐桐很高兴，但嘴上还是说道 ：“爸爸，你也真是不谦虚呢，哪有人这么夸自己女儿的啊？”

我故意装作一本正经地说 ：“我说的是事实。桐桐，爸爸给你个建议，你就继续保持本色吧，扎耳洞什么的会破坏你的气质。”

桐桐听了，点点头。

后来，妻子问我，同一件事情，为什么我们两个人说，会有不同的结果。事实上，这和我的口才没有什么关系，而是我选择在桐桐心情好的时候说服，让桐桐更容易接受。

在说服孩子的时候，可以选择在孩子心情好的时候进行，这样父母不用费太多口舌，孩子也乐意接受。

※※※　※※※　※※※　※※※　※※※

很多父母说孩子不讲道理，说什么都不听。其实不是孩子不听，而是父母没有把道理讲好，没有把道理讲明白，没找对时机。

和孩子讲道理，说服效果要比大喊大叫、大声斥责等要好得多。只是，父母在讲道理时，最好选择孩子心情好的时候，要用孩子能够接受的方式进行。

不强迫孩子做什么，而是同孩子协商他愿意做什么

父母喜欢命令孩子、强迫孩子，却极少有人愿意蹲下来听孩子说，和孩子协商。其实，和孩子协商是让孩子按父母的教育去做的好方法。

很多父母喜欢强迫孩子，却不知道同孩子协商，才是说服孩子最迅速的方法。

前些年，同学张冰搬到了我们小区，我们之间的走动也就多了一些。有一次，我在楼下遇到正在散步的张冰，就邀请他到我家坐坐。

我和张冰刚进门，就看到桐桐正兴致勃勃地坐在客厅沙发上看电视。桐桐和我们打了声招呼，又继续看电视了。

我对桐桐说："桐桐，我想和你张叔叔在客厅聊会天，你去爸爸妈妈的房间里看电视，行吗？"

桐桐看了我一眼，又看了看电视，似乎有些不情愿。因为比起卧室来，在客厅看电视要舒服多了。

我想了想，说："算了，在客厅看电视是比较舒服些。你把电视的声音调小的，我和张叔叔也轻声点说。"

桐桐笑了笑，懂事地关了电视，说道："没关系，爸爸，我去卧室看，你和张叔叔好好聊吧。"

桐桐走后，张冰问我："你怎么连看电视这点小事都和桐桐商量啊？要是我，我就直接让孩子进屋，让他去学习。"

我笑着说："孩子小，也有自己的想法，也渴望得到父母的尊重。我和桐桐商量，这样能让事情更快地解决。

"你想想，如果我刚刚强迫桐桐回房间，桐桐一定会反抗。然后，我们一顿大吵，桐桐可能会妥协回房。我们是能够在客厅聊天了，可我的心情肯定会被破坏，而你的心情也会受到影响，我们就不可能像现在这样舒服地聊天了。"

张冰听了，笑着点点头。

我们常说，孩子是独立的个体，既然是独立的，也应该受到作为一个独立人应有的待遇。强迫孩子服从不是本事，通过协商才能真正让孩子服气。

※※※　※※※　※※※　※※※　※※※

父母同孩子进行协商，能让孩子感受到大人对自己的尊重，满足了孩子的心理需求，让孩子更乐意按父母说的做。

周六，我去找住在附近的朋友李龙，和他一起去参加朋友聚会。刚到李龙家，就听见李龙和儿子的对话。

儿子说："爸爸，你答应过我今天要去看我踢球的，你怎么忘了？"

李龙摸了摸头说："呀，对不起儿子，我把这事忘了。我就说心里总是不踏实，好像忘了什么事情似的，原来是忘了陪你看比赛的事情了。"

儿子显然有些不满："那你说，现在怎么办吧？"

李龙看了看我，又看了看儿子，然后说："儿子，爸爸要先向你道歉，爸爸忘记了和你的约定，是爸爸的错。

"由于爸爸的疏忽，导致好几个叔叔阿姨都在饭店里等着爸爸呢，爸爸如果不去，就太对不起他们了。

"可如果爸爸去了，就没有办法去看你踢球了。所以，爸爸想和你商量一下，爸爸今天就不去看你踢球了，明天再去看行吗？"

儿子想了想，点头答应了。

我在旁边对李龙露出满意的微笑。

除了协商，李龙也可以蛮横地要求儿子不要闹，可这样，不仅会失信于儿子，更会让儿子不服气，影响亲子关系。

协商能让孩子产生自己是大人的感觉，使孩子觉得自己是被父母重视的。既然父母都如此通情达理，孩子自然也不会让父母为难。

※※※　※※※　※※※　※※※　※※※

和孩子平等协商，能让孩子把自己当作家庭的一分子，背起自己的责任。这样，父母不用强迫，孩子也会走正确的道路。

新认识的 80 后朋友王宇曾经告诉我，小时候，若不是父母“骗”了他，他可能做不了现在的工作，过不上现在的生活。

王宇是家里唯一的儿子。父母虽然都是农村，却坚信读书能够改变命运，能让孩子走出农村，所以特别重视王宇的学习，对他有求必应。

很快，王宇就上了初中，因为成绩一直不错，父母也很少过问他学习上的事情。

有一次，王宇爸在外面遇到王宇的班主任，才知道王宇经常旷课上网。老师几次让他叫家长来学校，王宇都用父母忙搪塞过去。

王宇爸非常惊讶，因为前几天王宇才提出，学校要开信息技术课，他要提前学习，让父母帮他买一台电脑。

王宇爸回到家后就把这件事告诉了王宇妈，夫妻俩经过一番商量后，决定暂时不给王宇买电脑了，但是怎么和王宇说，让他们伤透了脑筋。

后来，王宇爸把家里的钱和存折都拿给王宇看，并且告诉他，家里只有这些钱了，这段时间，王宇妈的头疼病又犯了，为了不影响王宇学习，就没有告诉他。

王宇看着钱和存折，又看了看妈妈，当时就愣了。

王宇爸又说：“你也看到了，家里就这么点钱，给你买电脑，你妈的病就还得往后拖。我想先给你妈看病,你看看你的电脑能不能过些日子再买？”

王宇沉默了。妈妈的头疼病他是知道的，以前，他也劝过妈妈好好去医院看看，可妈妈总说忍忍就好了，看来这次妈妈的头疼又加重了。

王宇对爸爸说：“那就先别买电脑了，给我妈看病重要。”

后来，王宇忍住了网络的诱惑，重新开始学习，很快成绩就赶了上来。

王宇说："与其说父母骗我，不如说是爸爸那次和我平等协商起了作用。那次谈话后，我感觉爸爸终于什么事都和我说，不把我当孩子了，我这才成熟起来。"

放下父母的威严和架子，和孩子好好商量一下，或许你会发现，孩子真的比你想象中的要懂事。

※※※　※※※　※※※　※※※　※※※

总是强迫孩子按照父母说的做，不仅孩子不服气，父母也会觉得很苦恼。孩子是独立的个性，有自己的想法，和孩子协商，是个双赢的办法。

父母要抱着遇事和孩子协商的观念，尊重孩子的存在，用心和孩子商量，找到孩子接受、父母满意的解决方案。

说服孩子态度要温和，注意跟孩子说话的语气

你不要为了图嘴上的一时之快，变得刻薄，粗暴地想剪掉孩子身上不整齐的“枝杈”，这样会打破孩子的美好世界。

一天，我忙完了工作，早早地回家了。当时妻子还没回家。

桐桐从屋子里出来，说：“爸爸，我的画画完了，我可以出去玩吗？”

“去吧，但是别回来太晚了。”

桐桐趴在我的耳边说：“爸爸，你真好。要是我这样和妈妈说，妈妈肯定会说：‘你就知道玩，画完画可以看会小人书啊。不许出去！’”

说完，桐桐就高兴地跑出去了。

妻子说这些话的时候，肯定是为桐桐好，但居高临下的父母心态，让她忽视了桐桐有自己的权利，导致她的话难以被孩子接受。

虽然都说“慈母严父”，但是我的原则是，只要在条件允许的情况下，孩子应该有自己的自由，我都尽量不去会用严厉的语言将孩子的世界封闭。

※※※　※※※　※※※　※※※　※※※

我想起了一位老师讲的家访经过。

她班上有个孩子叫夏冬，三年级之前，每次考试夏冬都是班上的前几名，作业也做得很认真，几乎从不出差错。

可是自从上了三年级，夏冬就像变了个人。不是上课做小动作，就是不做作业，成绩也不断下滑。为了了解情况，她去了夏冬家。

还没进门，就听见屋子里传出了一个“男高音”：“你是猪吗？这么简单的考试题目，你竟然考这么少的分数，你还有脸花我的钱上学啊？”

进门后她看见，那位“男高音”正拿着考卷在敲夏冬的脑袋。

她向“男高音”介绍自己后，他就开始向她说明了家里的情况：他和夏冬的妈妈离婚后，就把所有的希望都放在夏冬身上。他对夏冬管理很严格，但是夏冬的成绩却越来越差。

她看了眼夏冬，他在一旁心不在焉地听着。在他爸爸描述的时候，夏冬说：“那你也不能每天就知道骂我啊，越骂我，我越不想学。”

“我骂你还不是为你好？你这不争气的家伙。”“男高音”继续骂。

“我知道你是为我好，但是你说的话太难听了，我好几次都想死了算了。”当这样的话从一个三年级的孩子口中说出来的时候，她还是震惊了。

那天，她和那位“男高音”说了很多话，给他讲了很多家教道理。到底是把他给说通了。他答应老师，以后不再骂孩子。

果真，后来的夏冬就精神多了，对学习重新充满了信心。

※※※　※※※　※※※　※※※　※※※

“语言暴力”，是一把杀人不见血的刀，直接刺痛孩子的心灵，其残酷程度，丝毫不亚于对孩子的直接打骂。

这里有个例子：

我上次见到妻子的同事小刘的时候，她的儿子小迪简直就是个“小人精”，很会说话，逗得我直笑。

可是，这次见到小迪的时候，我怎么逗他，他都不和我说句话，甚至见了我就往他妈妈身后藏。

我问他：“小迪，你不认识伯伯了吗？怎么都不和我打招呼啊？”

“我怕妈妈不要我了。我要是乱说话，妈妈说就不要我了。”小迪怯生生地说。

“对，你说得没错，你再乱说话，我就真不要你了。”小刘恶狠狠地说。

看着可怜的小迪，我似乎可以听见，当小迪犯错误的时候，小刘都会拿这句话恐吓小迪。

可是，没有灵气、唯唯诺诺的小迪，就是小刘想要的吗？真是难以想象，长大后的小迪会怎么回忆充满恐吓语言的童年？

※※※　※※※　※※※　※※※　※※※

语言暴力，可能只是你一时气愤的情绪发泄，你也许会辩解说这是不得已的教育方式，但是它却可能带走孩子所有自尊，使家庭教育处于尴尬的境地。

孩子的心灵是个童话世界，心里充满对美好的向往。你不要为了图嘴上的一时之快，变得刻薄，粗暴地想剪掉孩子身上不整齐的“枝杈”。这样会打破孩子的美好世界。

摆事实，讲道理，让孩子自觉配合你来改变

孙悟空敌不过唐僧的紧箍咒，你可别小瞧和尚念经，那也是有一定作用的。你也要向唐僧学习，心态平和地和孩子讲道理，这比单纯的打骂更好用。

我去参加一个会议的时候，遇见了一位小学班主任王静，她向我谈起了班上一个男孩的事情。她今年是三年级一班的班主任，班上的姜兵是老师和同学的“心病”，尤其是他经常和同学打架。

他对身边的同学都会充满仇恨，几乎每个星期，他都和同学打架，只要他有一天老实地待在教室里，老师和同学都会感到庆幸。

之前的班主任对姜兵都失去了教育的信心。对他的行为只能睁一只眼闭一只眼。

王静接手这个班级之后，发现姜兵性格有些自闭，缺乏必要的安全感。他只能靠这种攻击手段来获得些许的安全感。

后来，王静和他谈话，让王静很吃惊，她连续一周，每天都会和姜兵谈话。谈话期间，王静了解到，姜兵现在的情况原来是在报复爸爸。

小时候，姜兵和周围的小伙伴吵架了，被打的孩子的家长找到家里的时候，姜兵的爸爸都不问发生了什么事情，也不管是不是有外人在，抡起拳头就开始打他。他从来不会对姜兵讲，他该怎么做，只是一味地打。

如果他爸爸对他讲他哪里做错了，应该如何改正，姜兵就不会是现在这个样子了。

王静向姜兵讲道理，告诉他："你爸爸其实是恨铁不成钢，只是选择的教育方式不正确。我会找你的爸爸聊聊，对他说说这件事情。他会想通，也会改变现在的做法的。你的处事方法，只会让大家孤立你。你试着去和同学做朋友，你的攻击性心理就会淡化。"

在王静的说服下，姜兵的爸爸有了变化，姜兵更是有了很大改变，本来就很聪明的他，成绩也有了起色。

王静向我讲述着。

我说:"怪不得你被选为优秀教师,你做得很对。我很赞成你的教育方式，用说理代替打骂，以理服人。这才是最有效的教育。"

※※※ ※※※ ※※※ ※※※ ※※※

可能是每天都要画画，桐桐的心里产生了厌倦，最近画的画，明显有应付的倾向。那次，她竟然拿以前画的画让我看，说是她那天画的。

我很生气，将手里的书扔在了地上。

这时，孟母"断机教子"的故事闯入我的脑海：

孟子小时候，学习很不用功。有一次，放学回家后，孟母问他:"《论语》会背了吗？"孟子回答说会了。孟母很高兴，要孟子背给她听。其实，孟子当时还没有完全背下来。

他一直在重复："学而时习之，不亦说乎？"

这让孟母很生气。那时，孟母正坐在织布机前。她举起一把刀，将织好的布割断了，麻线纷纷掉在了地上。

孟子很胆怯，因为他知道这是孟母辛苦织出来的。他不知道孟母为什么这样做，忙问孟母发生什么事情了。孟母告诉孟子："你的学习就像我织布一样，你不用心读书，就像断了的麻布一样，布断了就接不起来了。"

谈到伤心处，孟母竟然哭了起来。孟子很受感动，他将母亲的话牢牢记住，从此开始刻苦读书。

我受到了启发，将我那时气愤的原因，以及对桐桐的期望告诉了桐桐，也给她讲了很多道理。桐桐认识到了自己的错误，答应我，好好画画。

※※※　※※※　※※※　※※※　※※※

孩子做错了事情，你在教育孩子的时候，可以改变批评教育的方法，比如给孩子讲一个故事，让孩子从中悟出道理，如果孩子小，你也可以将故事里的道理抽出来，强化孩子的领悟能力和纠错能力。

桐桐小时候，常常会以故意尿裤子的方式引起我和妻子的注意力，第一次、第二次，我和妻子也都没说什么，可是第三次，当桐桐笑着对我说“爸爸，我尿裤子了”，还很骄傲的样子。

妻子生气地打了桐桐，桐桐却不觉得自己做错了，就是不承认自己的错误。

“桐桐，你要认识到你这样做是不对的。我和你妈妈不会每时每刻都盯着你，你要学会自己照顾自己，尿了裤子，身体难受的是你，而不是我和你妈妈。”我严肃地对桐桐说。

桐桐听了我的话，知道自己的想法和做法都是错的，自己乖乖去换了裤子，今后再也没有出现这样的情况。

※※※　※※※　※※※　※※※　※※※

在纠正孩子的错误时，你要注意沟通的方式，抓住恰当的教育时机，选择适当的方式，做到以理服人，获得和孩子的情感共鸣。

孙悟空敌不过唐僧的紧箍咒，你可别小瞧和尚念经，那也是有一定作用的。你也要向唐僧学习，心态平和地和孩子讲道理，这比单纯的打骂更好用。

第四章

激励

——非惩罚性教育第二重修炼

激励能满足孩子的内心需要，是孩子成长的催化剂

每个人都有内在的需求，都渴望得到激励，孩子也不例外。对孩子来说，激励不但能让他的心理得到满足，还是他成长的催化剂，让他的成长更快、更好。

很多人以为，孩子优秀是天生的，却从来没有想过，孩子优秀与他成长的环境息息相关。在激励环境下成长的孩子，会变得一天比一天优秀。

看到过桐桐的人都问我："你是怎么培养出这么优秀的女儿的？桐桐是不是从小就很优秀啊？"

听到这样的提问，如果桐桐在我身边，我会笑着说："谢谢。"如果桐桐不在身边，我就会谦虚地说："哪里，我家桐桐还有很多不足，还需要努力。"

后来，被问得次数多了，我也不禁开始思考：桐桐是不是从小就很优秀？

可事实上，我每次回想桐桐小时候的事情，似乎总能想到她的那些调皮行径。可奇怪的是，桐桐如此调皮，却仍是个不折不扣的优秀孩子。

到底是怎么回事呢？

后来，我突然想到，桐桐之所以优秀，可能和家里的环境有关。在桐桐小的时候，总是在我和妻子的激励下成长。我们的激励让桐桐坚定不移地相信自己是个优秀者，并且为了维持优秀形象而不断努力。

记得有一次，一向闲不住的桐桐居然安安静静地写字，这让我和妻子大感意外。

但桐桐刚写了两分钟就开始闲不住了，拿起橡皮来玩。我见状，立刻走过去鼓励桐桐说：“桐桐真乖，自己在这里写字呢，来，爸爸看看，写得真不错！”

听了我的话，桐桐得意地拿起自己的本子看了看，也觉得自己写得很好。她停止玩橡皮，继续写字，而且写字的兴致更高了。

桐桐写完字后，把本子拿给我和妻子看，我和妻子都高兴地夸奖桐桐。妻子甚至还略带夸张地说：“呀，这真的是桐桐写的字吗？写得真棒！妈妈像桐桐这么大的时候，写的字根本比不过桐桐。”

桐桐高兴得小脸通红，兴奋地对我们说：“我还能写得更好呢。”

以后，每次桐桐写字，我和妻子都会用各种方式激励桐桐，让她坚持练字。所以，现在桐桐写得一手好字，和我们的激励不无关系。

优秀的孩子之所以更加优秀，是因为他从小生活在一个充满激励的环境中。如果父母能够不断激励孩子，让孩子内心得到满足，无疑能促进孩子更好地成长。

※※※　※※※　※※※　※※※　※※※

激励不仅能促进孩子更加优秀，也能让本身存在缺陷的孩子快速变得优秀起来，因为激励能让孩子产生成就感，产生渴望进步的欲望，这正是激励带来的神奇力量。

桐桐的同学李涛转到他们班之前，是出了名的笨孩子，在桐桐班学了一个学期后，突然变成了一个比较优秀的孩子，这让老师和同学们都感到很意外。

一次，桐桐故意问我：“爸爸，还记得我以前跟你说过的李涛吗？他原来外号叫‘小笨’，现在大家都不这么叫他了。”

“为什么呀？”我有些奇怪地问桐桐。

“李涛现在已经不笨了，要是还叫他‘小笨’，那些成绩不如他的同学，岂不是成了‘大笨’了？”

通过桐桐的讲述，我知道了李涛转变的经过。

原本，李涛原本并不是个笨孩子。由于贪玩，再加上父母不过问他的学习，导致他的成绩很差，一次次考试都不及格。

被打击的次数多了，李涛从心理上就认为自己很笨，不如别人。在学习的时候，李涛就更不用心了，在课堂上老师的提问也答不上来，所以才被大家称作“小笨”。

李涛的妈妈看见儿子一天比一天意志消沉，这才发现自己的教育失败。于是，李涛妈妈决定多激励李涛，让他变得优秀起来。

当李涛觉得作业难，想要放弃时，妈妈鼓励他再多思考一会儿；当李涛做对了一道题目后，妈妈就夸奖他学习努力；当李涛回答了老师的一个问题后，妈妈就夸奖他善于思考……

就这样，在妈妈用了各种激励手段后，李涛渐渐变得开朗起来，学习也更加积极，性格也变得越来越好。

有些孩子从小生活在不被重视、否定甚至充满鄙视的环境中，很容易变得消沉。而父母的激励能够让孩子不断突破自我，激发出自己的潜能。

※※※　※※※　※※※　※※※　※※※

激励如此重要，父母一定要在平时的生活中多激励孩子，不管是在物质上还是在精神上，只要能促进孩子成长，激励多些也无妨。

我在对桐桐进行激励时，一般会采用“三段式”激励法，即事前鼓励，事中暗示，事后表扬。这是让桐桐在积极的情绪中进步的好方法。

有段时间，桐桐懒得运动，体重一路飙升，很快就达到了小胖子的标准。

那天，桐桐正在为胖胖的小脸蛋发愁，我趁机对她说：“桐桐，现在你都成小胖子了，从今天开始做点运动怎么样？”

桐桐有点为难地说：“我也想变瘦，可是，我怕自己坚持不下来。”

我鼓励桐桐说：“不会的，桐桐这么优秀，每次都能做得很好。画画这么难，你都能坚持下来，而且画得这么好，运动肯定也不成问题。”

听了我的话，桐桐决心开始运动。而我，每天也早早结束一天的工作，陪桐桐一起锻炼身体。

有时，看到桐桐露出想要放弃的意思，我就对妻子或其他人说桐桐的好话，夸奖桐桐能吃苦等，其实，是在暗示让桐桐坚持下来。

后来，桐桐终于减肥成功，重新变回以前的样子。看到桐桐沉浸在自我满足中，我也想加大她的这种成就感。

于是，我对桐桐说："桐桐，你真是好样的，能够坚持做运动，这是很多大人都做不来的，桐桐真棒！"

看到了运动的效果，再加上我的表扬，桐桐更加高兴了，并且决定将运动进行下去。

多激励激励孩子，能够帮助孩子克服自身的各种缺陷，如懦弱、退缩、胆怯等。多给孩子喝彩，多鼓励孩子，让激励促进孩子的成长。

※※※　※※※　※※※　※※※　※※※

对于大人来说，如果能够进行自我激励，就能增加成功的几率。可孩子还小，自我激励的劲头不是很足，这就需要父母在一旁对孩子多加激励。

作为成长的催化剂，激励能够充分满足孩子的心理需要，从而激发孩子的内在动力和潜能，让孩子进步得更快，成长得更好。

多一句鼓励，孩子的内心就会多一分自信和勇气

大多数人都是感性动物，喜欢听鼓励的话，孩子也是如此。一句简单的鼓励，能给予内心无限的力量，让孩子瞬间变得强大。

在孩子面对困难想要退缩时，在孩子不相信自己时，在孩子胆小怕事时，一句鼓励能够给孩子的内心带来勇气，让孩子变得自信。

桐桐很喜欢去公园里的儿童乐园玩，在儿童乐园周围，是一些为青少年和成年人准备的娱乐设施，如过山车、蹦极等。

上初中后的一天，桐桐很郑重地告诉我，周六她要和同学一起去玩过山车，体验一下其中的乐趣与刺激。

我当然是举双手赞成。孩子长大了，挑战一下自己也是件好事。我在嘱咐桐桐注意安全后，就给了她两百块钱，让她好好玩。

结果，周五晚上，我发现桐桐不在房间写作业或者休息，一直在客厅里走来走去，看到我从书房出来接水，桐桐欲言又止。

我问："桐桐，你有什么话要对爸爸说吗？"

桐桐好像考虑了很久，最终下决心对我说："爸爸，我有点害怕。我看到人家玩过山车都吓得大叫，我也害怕从过山车上掉下来。"

我说："一般不会出现这种事情的。你要是愿意，爸爸可以陪你一起去。"

桐桐马上拒绝：“我不要，玩过山车还要爸爸陪着，多丢人啊，我那些同学还不得笑话死我啊？”

我笑了：“桐桐，你一直很勇敢啊，怎么今天就突然胆怯了呢？我记得你小时候第一次进鬼屋，居然比爸爸还胆大呢，还冲着那些装鬼的人扮鬼脸呢。”

桐桐笑了：“那些都是假的，一点不害怕。不过，我记得一起去的莉莉还被吓哭了呢，当时真是笑死我了。”

我顺着桐桐的话说：“是啊，从小开始你就比一般孩子勇敢，我相信过山车对你来说，也是小菜一碟。恐怕你坐过过山车以后，回来会对爸爸说：‘什么呀，一点都不害怕。’”

我故意模仿桐桐的语气，桐桐被我逗得哈哈大笑，心中的恐惧也一扫而空。

孩子只是孩子，没有大人那么坚强。多给孩子一点鼓励，帮助孩子战胜心中的恐惧与不安，孩子才能朝更好的方向发展。

※※※　※※※　※※※　※※※　※※※

语言是个神奇的东西，一句鼓励的话就能让孩子发生那么大的变化。在鼓励孩子时，父母一定要注意语言多元化。

我在家长交流会上认识了王英，那时，王英曾经得意地告诉我们大家，他一句话就能激发出儿子无限的潜能，那句话就是“我们相信你”。

王英说，他和妻子达成了共识，要培养孩子的自理能力，用鼓励代替帮助。没想到，这鼓励的作用非常大。

王英给我们举了例子。在教儿子穿鞋时，当儿子不会系鞋带，抬起头发出求助信号时，他和妻子总会说：“儿子，我们相信你。”于是，儿子就会继续系鞋带，虽然花费的时间比较多，但儿子最终靠自己的力量把鞋带系好了。

当时，我虽然不太清楚王英儿子的情况，但从他的叙述中，也能看出来鼓励对孩子起到了积极的作用。

后来，我偶然碰到了王英。问起他的儿子，王英说：“我失算了，最近我的一句话鼓励在儿子那里失效了。”

原来，王英的儿子听了太多次“我们相信你”，对这句话已经产生免疫了。现在，王英即使充满信任地对儿子进行鼓励，儿子也不再像以前那样受到鼓舞了。

我告诉王英：“我们都知道，世界上再好吃的东西，天天吃也会厌烦。鼓励孩子没有错，你也换点别的话说啊，天天说同一句话，别说孩子了，就是大人听了，也会感到厌烦。”

孩子有自己的判断力，父母总是用单一的话鼓励孩子，不仅毫无感情，也会让孩子觉得父母是在敷衍自己，起不到鼓励的作用。

※※※　※※※　※※※　※※※　※※※

孩子的年龄不同，心智发展不同，用于鼓励孩子的话也应该有所不同。

我喜欢鼓励桐桐，我认为在鼓励中长大的孩子比一般孩子更有自信，更能勇敢地面对各种问题。在桐桐的不同阶段，我都采用不同的语言鼓励桐桐。

记得刚刚分房时，桐桐因为怕黑，总是不敢一个人在房间睡觉。那时，我就经常讲一些勇敢的孩子或小动物的故事，鼓励桐桐一个人睡。

桐桐上学后，对于成人的话也能大致听懂一些，那时，我就会用一些简单的话鼓励桐桐，让她相信自己能做好。

比如，桐桐第一次离开家去参加夏令营。出发之前，桐桐特别担心，担心自己会出错惹同学笑话。我就鼓励她：“桐桐，你在家里做得很好，到了营地就和在家一样，你肯定也能表现得很出色。”

桐桐上了初中后，面对的问题也渐渐多了。有段时间，桐桐突然变得敏感起来，害怕别人不喜欢自己，周末也不和同学出去玩，变得有些宅。

我鼓励桐桐：“桐桐，你已经长大了，要发展自己的交际圈了，多和同学一起玩耍，你才能获得更多的朋友。你这么优秀，我相信大家肯定都愿意和你交朋友。”

现在，桐桐上了高中，也开始思考未来和人生。可能是因为从小就看书，懂得自省，桐桐明显比同龄的孩子要成熟。随着对社会的认识越来越深刻，桐桐变得有些悲观。

我鼓励桐桐："不管社会是什么样子，你目前只要做好自己就可以了。如果你连自己都做不好，又怎么能对世界有所贡献呢？爸爸相信，你以后也能像乔布斯一样，为改变世界出一份力。"

孩子的年龄不同，心智发展和理解力也不同。对于较小的孩子，父母可以用具体的故事、事例等鼓励孩子，对于较大的孩子，父母就可以用成人间的话语鼓励孩子。

※※※　※※※　※※※　※※※　※※※

鼓励能给孩子带来勇气和自信，父母要关心孩子，在孩子需要鼓励时及时给予孩子鼓励，让孩子不致被困难或挫折吓倒。

不要指望一句话就能改变孩子，但父母可以用不同的话得到鼓励孩子的目的。针对孩子的理解力说出鼓励的话，能让孩子最大程度上得到激励。

经常暗示孩子“你真棒”，孩子的优点会越来越多

给孩子积极的暗示，不断暗示孩子“你真棒”，孩子会渐渐变得更加自信，对自己更加认可，优点也会越来越多。

有些父母常常抱怨，自己费尽心思教育孩子，没想到孩子却越来越糟。出现这种情况，父母要先进行自我反思，想想自己是不是给了孩子积极的暗示。经常暗示孩子“你真棒”，才能刺激孩子更好地成长。

桐桐在小区认识了一个叫露露的女孩，两个孩子经常在一起写作业、玩耍，偶尔，也会到对方家里吃饭。

有一次，桐桐在露露家吃饭。晚饭过后，我去露露家接她。因为桐桐想和露露再玩一会儿，我就和露露妈在客厅聊天。

聊着聊着，露露妈就问我桐桐最近一次测试的成绩。得知桐桐比露露考得多以后，露露妈叹气说：“我为露露这孩子付出了很多心血，可露露不但没有进步，反而退步了不少，真不知道是怎么回事。”

我知道，此时给露露妈讲成绩不重要、孩子能健康成长就行等道理，是没有任何用处的。只好安慰她说：“露露还小，而且这么努力，很有发展潜能，你不要太着急。”

结果，第二天晚上，桐桐伤心地告诉我：“爸爸，露露不愿意理我了，她妈妈一直说我很优秀，露露生气了。”

我想，露露妈应该是考虑到露露的心情，所以没有直接把露露和桐桐做比较，只是说出了桐桐的优点，希望露露能够再接再厉，取得好成绩。

可是，露露却认为，妈妈在暗示自己不如桐桐。小小年纪的她无法体会妈妈的良苦用心，于是把责任怪罪到桐桐身上。

露露妈希望用暗示来鼓励女儿好好学习，却不知自己使用了错误的方法。这种消极的暗示，对孩子会造成很大的打击。如果次数多了，还有可能会使孩子萎靡不振。

给孩子暗示，就要给孩子积极的暗示，让孩子通过父母的暗示更加相信自己，有不断前进的动力。

※※※　※※※　※※※　※※※　※※※

不同的暗示会给孩子不同的心理感受。当孩子表现优秀或者有了一点小进步后，父母可以通过表情、动作暗示孩子，让孩子得到父母的肯定。

桐桐长得有点黑，在这一点上，她总是有些自卑。有一次，我和妻子带着她去北戴河旅游，认识了长得很白很漂亮的女孩佩佩。

我发现，平时天不怕地不怕的桐桐，在遇到佩佩以后，突然变得不爱说话了。我想，可能是佩佩刺激到了桐桐内心隐藏的自卑。

我们每个人都多多少少有些自卑，自卑并不是一件坏事，有时还能给人前进的动力。可当我看到自卑严重影响了桐桐的心情后，就决心帮助她重拾自信。

这天晚上，我们一家和佩佩一家在宾馆里聊天，露露要和桐桐玩猜谜游戏。桐桐本来不愿意玩，在我的鼓励下，才不太情愿地开始。

其实，桐桐是个猜谜高手，一般的谜语都难不了她。佩佩并不知道，她先给桐桐出了一个简单的谜语："有五个兄弟，他们住在一起。名字不一样，而且长的也高矮不同。"

佩佩刚说完，桐桐就脱口而出："手指。"

佩佩听了，忙说："这个太简单了，不算数，我再给你出一个。"不等桐桐同意，佩佩又出谜语了。

"一个小黑孩，从来不开口，要是开了口，掉出尖舌头。"佩佩说完，用略带得意的眼神看了看桐桐。

可能是“小黑孩”三个字影响了桐桐的心情，也可能是这个谜语对桐桐来说有些难，桐桐在思考了好长时间后，才试探性地说：“是瓜籽吗？”

佩佩有点惊讶，又有点佩服地说：“你真厉害！”而我也微笑着看着桐桐，眼神里满是赞扬，同时对她竖起了大拇指。

受到激励的桐桐非常高兴，继续高兴地和佩佩玩猜谜。接下来的日子里，我依旧用表情和动作给桐桐积极的暗示，桐桐也慢慢恢复了以前的活泼。

给孩子积极的暗示，如赞赏、肯定、鼓励、安慰的眼神，如拍拍肩、竖起大拇指等动作，都能让孩子感受到勇气和力量。

※※※　※※※　※※※　※※※　※※※

有很多时候，父母直接告诉孩子或者暗示孩子“你真棒”虽然能起到一定的作用，但维持的时间并不长久。父母可以又通过对别人说“我的孩子很棒”，给孩子积极的暗示。

有一段时间，桐桐和奶奶闹情绪，连我的话也不听。我想着等桐桐情绪稳定以后，再好好劝劝桐桐。

一次，我请几个朋友来家里吃饭。饭后，我们几个人在客厅聊天，这时，桐桐奉妻子之命给我们端来了茶水。

这时，我故意对正在谈论各自孩子的朋友们说：“你们看，我们家桐桐多乖，经常主动帮妈妈干活。而且，还很孝顺奶奶，有了好吃的，总是让奶奶先吃。”

我说这话的时候，桐桐的小脸都红了。因为就在今天早上，她才刚刚和奶奶闹过情绪。不过，她把好吃的给奶奶吃，倒也是事实，只不过那是在她高兴的时候。

几个朋友听了我的话，都用羡慕的眼神看着我，其中一个朋友还对站着一旁的桐桐说：“桐桐，你真是个好孩子，叔叔要是有你这么个乖女儿，一定会高兴得睡不着觉。”

桐桐虽然表面上很不好意思，但我知道，她心里一定乐开了花。桐桐一边对我说“我去给奶奶倒杯水”，一边高兴地向厨房走去。

看着桐桐蹦蹦跳跳的身影，我想，即使我不对桐桐进行孝心教育，她以后也会对奶奶有所尊重。

父母的夸奖让孩子高兴，其他人的肯定更能增强孩子向上和向善的心。当孩子对自己有了好的期待后，行为便会越来越规范，优点也会越来越多。

※※※　※※※　※※※　※※※　※※※

一般来说，孩子比成人更容易接受暗示。当孩子出现问题，父母不需要和孩子对抗，也不用批评指责，可以给孩子积极的暗示，一样能改变孩子。

用表情、动作在他人面前肯定孩子等方式暗示孩子，其实就是用含蓄、温柔的方法对孩子的心理和行为产生影响，让孩子接受父母的建议，与父母的暗示相符合，优点也就变得越来越多。

不要吝惜对孩子的表扬，哪怕孩子每天只进步一点点

每个人都喜欢听表扬的话，一个经常被父母表扬的孩子，更能显示出自己的自信、能力和修养，潜能也能得到更多的开发。

每个人都经历过童年时期，相信父母的表扬一定是童年生活中最幸福的一件事。每个孩子都有值得表扬的地方，哪怕孩子只有一点点进步，也值得表扬。

我有个年纪相仿的表弟，我们联系虽不多，但他每次打电话都要向我说起他调皮的儿子新新。虽然我也偶尔给他提出一些建议,但他似乎只听不做。

有一年暑假，我对表弟说："你把新新送到我家来吧，我帮你好好教育教育他。"表弟一听求之不得，当天就把新新送了过来。

新新果然是个惹事大王。来到我们家第一天，倒也还算老实。可是到了第二天，新新对家里的环境熟悉了，就开始欺负桐桐。

桐桐三番两次地来找我告状。"爸爸，新新抢了我的娃娃""爸爸，新新把我的新书弄坏了""爸爸，新新在我的床单上画了一朵小花"等等。

因为之前已经听说过新新的劣迹，我对桐桐说的话并不惊讶。为了转移新新的注意力，我带着他和桐桐一起去楼下花园玩。

结果，在楼下没玩多久，新新就把一个小朋友推倒在地。没有人愿意和新新玩了，新新只好一脸伤心地跟着我回家。

看到我没有批评新新，桐桐有些不服气，我告诉桐桐："新新刚来我们家，和周围的人都不熟悉，我们要多体谅他。"

晚上，妻子把碗筷放在桌上，就去端菜了。我一边叫桐桐摆碗筷，一边去厨房帮妻子的忙。

桐桐忙着看动画片，没注意到我喊话。新新见了，就想帮忙把碗筷摆好，结果不小心把筷子碰掉了。

从厨房里出来的我看到这个情景，高兴地表扬新新："新新真棒，主动为我们摆碗筷啊。筷子掉在地上就不能用了，我们一起去厨房把筷子洗洗吧。"

新新听了我的表扬，眼睛立刻亮了起来。

在接下来的日子里，我总是去细心观察新新的点滴进步。看到值得表扬的地方，我从来不吝惜，而新新也在我的表扬声中，渐渐变得更加懂事。

当孩子有了好的表现，父母要及时表扬。这样，孩子的心里会有一种满足感，也会把好的行为持续下去。

※※※　※※※　※※※　※※※　※※※

父母不要一直盯着孩子的缺点不放，而要多给孩子一些表扬。正确而恰当的表扬，能够让孩子变得更加乖巧，更加听话。

有一次，一位妈妈对我说："我听说表扬能让孩子更优秀，所以我总是找机会表扬孩子。孩子最初听到表扬也挺高兴，会变得很懂事。可时间长了，孩子就厌倦了，甚至说我的表扬太虚假。"

我问："你是怎么表扬孩子的呢？"

"就是夸他做得好，夸他懂事之类的。比如今天早上，我看到儿子居然起了个大早，帮我和他爸爸做了早餐，我就表扬他，说他是世界上最乖的儿子。可是，我儿子听了，居然无动于衷。"

我笑了："主动寻找机会表扬孩子是好事，但如果表扬之词过于夸张，就会让孩子觉得父母太过虚假。如果孩子没有分辨能力，还容易变得自高自大。"

这位妈妈急忙问："那我应该怎么表扬孩子呢？"

"其实很简单，你只要实事求是地表扬就可以了。把你的感受说出来，让孩子明白你对他的赞赏，孩子自然也会被感动的。"

"原来要这样表扬，看来我是有些过分夸张了，我只想让孩子高兴，却不料反倒引起了孩子的反感。"

后来，这位妈妈发来短信告诉我，在儿子帮她拖了地以后，她对儿子说："谢谢你帮妈妈拖地，你真是个孝顺的孩子，让妈妈很感动。"结果，她的儿子兴高采烈地回答她："不用谢。"

我想，孩子都爱听表扬的话，如果父母的表扬让孩子心生反感，那肯定是因为父母表扬不当，没有夸到孩子的心坎里。

表扬孩子，用语一定要恰当，不符合实际的赞辞，只会让孩子觉得父母很虚假，不愿意再相信父母的话。

※※※　※※※　※※※　※※※　※※※

用表扬强调孩子的好行为时，父母要注意，表扬得越具体，孩子对行为的认识就会越深刻，也就会做得更好。

我发现，生活中很多父母渐渐变得喜欢表扬孩子，这是非常好的变化。可是，很多父母在表扬孩子时，只是宽泛地说"你真好""你真棒"之类的话，并没有提出表扬的具体内容。

一次，我带着桐桐去公园玩，看到公园里有为招揽生意举行的涂色比赛。只要买下石膏做的白色娃娃，店主就提供水彩，供孩子涂色用。在规定时间内涂完的孩子，店主退还买石膏娃娃的钱，并将涂好色的娃娃送给他。

桐桐兴奋地说要参加，我也乐得掏钱。比赛开始后，我坐在旁边看着桐桐忙碌地调色，往白色石膏上涂抹。

时间到了，桐桐还差一点裙摆没有涂完。她有些遗憾地说："好可惜，还差一点点就涂完了。"

我笑着说："桐桐虽然没有涂完，可是涂得特别仔细啊。你看看，你调的颜色多鲜艳啊，而且每种颜色都区分得很好，没有融在一起。就像印上去的一样，一点点空白都没有，真棒！"

桐桐听了我的表扬，立刻高兴起来，我接着说："桐桐，你把这个娃娃涂好带回家，我们把它放到客厅，让客人都看到，行吗？"

桐桐兴致勃勃地继续涂色了。

宽泛的表扬，一来孩子不知道自己为什么被表扬，二来对孩子也起不到大的激励作用。换言之，这种表扬对孩子来说是毫无意义的。

所以，父母在表扬孩子时，一定要具体指出孩子值得表扬的表现。是表扬学习努力还是表扬好成绩，是表扬不乱发脾气还是表扬不惹父母生气，都要明确指出来。

※※※ ※※※ ※※※ ※※※ ※※※

比起批评指责，看似不起眼的表扬更为有力。作为父母，要尽量抽出时间和孩子相处，从中观察孩子的言行举止，从中找到表扬孩子的素材。

当然，在表扬孩子时，父母要尽可能地使用客观而具体的语句，既能激励孩子进步，又不会影响孩子对自己的正确判断。

赏识就是对孩子多肯定，少否定，多赞扬，少斥责

给孩子一分赏识，不仅能增强孩子的自信，激发孩子进步的欲望，还能增进亲子关系，促进家庭关系和谐美满。

赏识是指发自内心地欣赏孩子，是一种尊重孩子独特性的表现。有些父母忽略了这一点，总是认为孩子比别人强就值得欣赏，忽略了孩子的唯一性。

有一段时间，我发现常来我们家找桐桐玩的几个小朋友渐渐都不来了。我感觉很奇怪，就问桐桐是不是和他们闹矛盾了，桐桐的回答让我大吃一惊。

“他们太笨了，我不想和他们玩了。”桐桐回答得那么理直气壮。

而问题不止如此，晚上看电视时，我随口夸奖了电视上的小朋友跳舞好，桐桐立刻气得鼓鼓的：“哪里好看？都没有我跳得好看！”

我意识到肯定是教育出问题了。想想这段时间，自己一直很忙，很少注意桐桐，没想到桐桐身上居然出现了这样的毛病。

后来，我仔细观察后才发现，原来桐桐变得爱嫉妒是桐桐奶奶导致的。

那天，一个邻居带着孩子来串门，奶奶让桐桐和邻居孩子一起表演跳舞，结果逗得我们哈哈大笑。

邻居走后，奶奶对桐桐说：“桐桐，你刚刚跳得真好，比那个孩子跳得好多了。我们桐桐真是越来越棒了！”

正是因为奶奶的夸奖，导致桐桐变得嫉妒心强。赏识孩子没有错，但因为赏识导致孩子出现行为缺陷，这样就不好了。

于是，我找了个时间和母亲好好谈了谈："妈，你以后夸桐桐的时候，尽量不要把她和其他人做比较，这样，桐桐会误以为，只有她比别人做得好，你才爱她。而且，还容易导致桐桐变得嫉妒心强。"

父母可以赏识孩子，但一定要赏识孩子自身的优点，而不是赏识孩子比别人强。否则，会传达给孩子错误的信息，让孩子以为比别人强，父母才会关爱自己。

※※※　※※※　※※※　※※※　※※※

什么是真正的赏识，这是做父母的应该考虑的问题。赏识是要对孩子多肯定、多赞扬，但这并不意味着不能批评孩子。赏识和批评相结合，才能让赏识更有效。

刚上小学二年级时，桐桐的学习劲头十足，每天回到家后，不用我和妻子催促，桐桐就会拿出作业本，认真地写作业。

有时，我看见桐桐这么认真地学习，就会忍不住夸奖两句："桐桐学习很认真啊，真是个好孩子！"

后来，桐桐在期中考试时，考了双百，我夸奖了她，妻子和奶奶又对桐桐一顿夸奖，还承诺送给桐桐玩具。

这天，到了睡觉的时间，桐桐房间里的灯还亮着，走进房间一看，才发现桐桐还在学习。原来，桐桐今天光顾和来家里做客的表妹乐乐玩，忘了写作业。

我对桐桐说："桐桐，你知道认真学习，爸爸感觉很高兴。虽然你很累了，却坚持完成自己的作业，这是很不错的。

"只是，爸爸觉得，如果你下次在玩之前，能够合理安排一下自己的时间就更好了。现在，你因为玩耽误了学习，又因为学习耽误了正常的作息，这样实在是不好。"

桐桐听了我的话，点了点头。

我想，如果我只是赏识桐桐的努力，而不指出她的努力影响了休息，这样就会让桐桐以为，晚睡觉学习是一件值得表扬的事情。这样，桐桐以后可能会不好好写作业，一直拖到晚上，这样就得不偿失了。

赏识孩子，并不代表就不能批评孩子。要知道，赏识必须建立在客观事实的基础上，如果孩子犯了错，父母不但不指正，反而盲目赏识，就会引发更大的问题。

※※※　※※※　※※※　※※※　※※※

中国有句老话叫“过犹不及”，意思是说事情做得过度了，就跟做得不够是一样的，都不合适。在赏识孩子方面，这个道理同样适用。

悦悦妈向我咨询，她说她对悦悦一直采用赏识教育法，可悦悦似乎对此上瘾了，如果她赞美的话不让悦悦满意，悦悦就大吵大闹。

悦悦是个小学生，妈妈为了让她从小就比别人优秀，看了很多教育类的书籍，最后认为，赏识是教育孩子最好的方法。于是，她就不断地赞赏悦悦。

最初，妈妈对悦悦的赏识很有效。当悦悦开始自己穿衣服时，妈妈就夸奖悦悦:“悦悦真是厉害，这么小就会自己穿衣服了。”悦悦听了特别高兴，从那以后就开始自己穿衣服。

可是渐渐地，随着悦悦长大，妈妈那些赏识加鼓励的话对她几乎没有什么作用了。妈妈即使说上百遍的“你真棒”，也无法再激励悦悦。

有一次，悦悦连续好几天都得了小红花，妈妈由于忙着做饭没有及时赞美她，结果悦悦大闹了一个晚上，怎么哄也哄不好。

还有一次，悦悦默写英语单词，一共默写十个，悦悦错了八个。为了不打击悦悦，妈妈故意鼓励她:“不错，写对了两个。”悦悦反过来指责妈妈:“要是全写错，我不成猪了！”一句话说得妈妈说不出话来。

而且，妈妈还发现，习惯了听好话的悦悦越来越听不进批评。有时，妈妈觉得悦悦有做得不好的地方，对她进行指正时，她就会很不耐烦，而且根本不听。

我对悦悦妈说：“赏识孩子没有错，但赏识要有度，一是说赏识孩子的话要客观，是对孩子言行客观的评价；二是说赏识孩子的次数要有限制，不能无休止地赏识孩子。

“你在赏识孩子时，虽然是为了鼓励孩子，但语言有些虚高，一味地哄着孩子，当然容易影响孩子对自己的评价，也容易让孩子以为父母是巴结自己，变得不信任父母。”

赏识是有前提的，不顾实际情况夸大孩子的优点，或者一遍又一遍就孩子的某个优点夸来夸去，都是不可取的，父母一定要注意。

※※※ ※※※ ※※※ ※※※ ※※※

给孩子真正的赏识，是父母应该做的。赏识最重要的是要出自真心，抱有目的的赏识会给孩子带来负面的影响。

父母要注意，既要给孩子客观、公正的赏识，又要把赏识和批评相结合，一味地赏识与一味地批评都是不可取的。

让孩子品尝成功的滋味，成就感能不断地给他激励

虽然不是每个孩子都很优秀，都能取得成功，但父母可以给孩子创造成功的机会，让孩子尝到成功的滋味，让随之而来的成就感给孩子最大的激励。

一个人再不济，也必然有自己的长处，孩子更是如此。父母可以从孩子的长处入手，帮助孩子在擅长的领域取得成功。

朋友李敏的孩子句句有些轻微的自闭，不爱说话，也不和别人玩。为了让句句融入集体生活，李敏花费了很多的心血。

最初，由于句句不能适应幼儿园的生活，李敏经常请假在幼儿园里陪伴着句句。经过一段时间的观察，李敏发现，句句虽然不爱说话，但却很喜欢整理东西。

偶尔，有小朋友不听话，玩完的玩具随处乱放，句句不等老师发话，就会主动帮其他小朋友整理玩具。

李敏觉得，这是句句的一个优点。于是，就和幼儿园的老师商量，让句句负责分发玩具，在小朋友玩完后，负责清点、整理玩具。

自从做了管理玩具的工作后，句句经常受到老师的表扬，小朋友对句句也很友好，这让他觉得受到了很大的鼓励。

慢慢地，句句开始和其他小朋友说话，回到家以后，居然也会和李敏聊上几句幼儿园的生活，这让李敏非常高兴。

上了小学后，李敏发现句句写字写得非常好，就让句句好好练字，并鼓励他参加学校的书法比赛，结果，句句得了第一名，这更加激励着句句不断前进。

在李敏的帮助下，句句和桐桐一样，都已经上高中了。现在的句句开朗活泼，完全看不出来有自闭的影子，我想，这和李敏发展句句的长处，用一次次成功激励句句有很大的关系。

每个孩子都是独一无二的，身上都有独特的闪光点。父母要抓住孩子的闪光点，帮助孩子把闪光点发扬光大，并从中体会到成功的滋味。

※※※ ※※※ ※※※ ※※※ ※※※

孩子好奇心强，很容易对周围的事物产生兴趣，而一旦有了兴趣，孩子的精力就会特别旺盛，利用兴趣引导孩子成功，无疑是个简单可行的好方法。

桐桐上学后，开始大量接触家庭以外的人，慢慢地重视起其他人对自己的看法。有一次，一个同学说她笨，让她郁闷了很久。

桐桐已经过了我们夸奖一句，她就能高兴起来的年龄。我想，是时候用成功的经历激励桐桐了。

桐桐的兴趣爱好比较广泛，那段时间，她对国际象棋比较感兴趣。每次写完作业，就吵着让我陪她下象棋。

我觉得，下象棋可以开发孩子的智力、锻炼思考能力、增强记忆力，是一种很好的活动，每次都应允。

为了帮助桐桐学习象棋，我先给她买了那种孩子玩的塑料象棋。后来看到桐桐真的是喜欢上了下棋，就又买了木质的和金属的两套象棋。

我和妻子都不是很了解象棋，所以就买了各种适合初学者的介绍国际象棋的书，同时还在网上看了一些下象棋的视频，每个周末，我或妻子都会抽出半天的时间专门陪桐桐下棋，让她从中得到乐趣。

就这样，在我和妻子的支持下，桐桐学会了下国际象棋。后来，在和我们的对弈中，桐桐经常获胜，这让她很有成就感，对自己也更加有信心。

更让我们意外的是，从没有上过象棋培训班的桐桐在与其他上过培训班的孩子进行比赛时，居然也取得了胜利，这件事让桐桐念叨至今。

虽然后来桐桐对国际象棋失去了兴趣，也很少再碰棋盘。但我想，通过下象棋得到的成就感，已经起到了非常积极的作用。

孩子有自己的兴趣爱好，是一件值得祝贺的事情。孩子对感兴趣的事情更乐于去做，也更容易成功。

※※※ ※※※ ※※※ ※※※ ※※※

有些父母缺少发现的眼睛，看不到孩子的优点，也不知道如何发展孩子的兴趣爱好。面对这种情况，父母可以从孩子的能力入手，给孩子提出一些可以完成的任务。

桐桐从小就喜欢看书，这让我很欣慰。可是，一旦遇到需要背诵的课文或英语单词等，桐桐就会变得手足无措，不知如何是好。

有一次，我刚下班回到家，就听到妻子训斥桐桐："你怎么搞的？就这么四句话，总共不超过五十个字，你背了一天也没有背下来？"

再看桐桐，低着头，一言不发，眼泪在眼睛里打转。

我放下包，换好衣服，从妻子手里拿过课本，对她说："桐桐今天肯定累坏了，今天就到这儿吧，明天再背。"

妻子一边假装责怪我宠爱桐桐，一边去厨房准备晚餐。

我看了看课本，对于成人来说，这首诗简单得不能再简单，就像白水一样，没有一点深度。可是对于讨厌背诵的桐桐来说，或许就非常难了。

我看看一言不发的桐桐，摸了摸她的头，对她说："桐桐，你不用担心，爸爸保证你明天就能会背了。"

桐桐瞪着眼睛看着我，似乎很不相信我说的话。

我说："我们不用一下子把整首诗背下来，我们可以慢慢来。爸爸看到第一句特别简单，桐桐一定会背了吧？"

桐桐点点头，然后小声地把第一句背了出来。

我点点头："不错，桐桐已经会背第一句了，那接下来，桐桐看看第二句。你知道第二句是什么意思吗？第二句是说……"

就这样，我一点一点给桐桐讲解，桐桐也很认真地背诵。到吃饭前，只要我提醒一次，桐桐就可以把整首诗背下来了。

当桐桐背诵给妻子听时，妻子很意外，禁不住夸奖桐桐："原来桐桐背诗这么厉害，刚刚是我小看桐桐了。"

桐桐高兴极了，吃完饭后又把诗温习了几遍，到睡觉前，已经不用我们提醒，就能完整地背诵整首诗了。我想，那晚桐桐睡得一定很香。

给孩子提出要求时，一定要符合孩子的实际能力，过高的要求和期望会让孩子感觉很无助，完不成任务反而更受打击。

※※※　※※※　※※※　※※※　※※※

给孩子创造成功的机会，让孩子做力所能及的事情，取得成功的可能性较高。同时，父母还可以关注孩子的优点、特长、兴趣爱好等，通过发展这些，让孩子体验成功的滋味。

孩子还小，非常需要外部的激励，一旦成功，孩子就能通过外部的成功进行自我激励，让自己更加自信乐观地成长。

第五章

规训

——非惩罚性教育第三重修炼

教育孩子：没有规矩不成方圆，没有训练不会进步

“没有规矩，不成方圆”，教育孩子，要给孩子立规矩。出于爱孩子的理由纵容孩子，不给孩子立规矩，会给父母带来麻烦，给孩子带来伤害。

很多父母认为，教育孩子应该给他自由，让他按照自己的天性发展，这点没错。但孩子还小，对很多事情缺乏认识，如果不给孩子立规矩，很容易让孩子的成长偏离正常轨道。

有一年我回老家，到张哥家吃饭。张哥结婚晚，儿子烁烁才刚刚五岁，一直是家中的宠儿。

吃饭时，坐在沙发上的烁烁吃着吃着，突然把鞋子脱了。张哥瞪了烁烁一眼，见他没反应，立刻命令道：“把鞋子穿上，否则我打你！”

烁烁看了看爸爸，又看了看我，不得已把鞋子穿上了。可是没过多久，烁烁又把鞋子脱了，还伸手要抓放在眼前的鸡腿。

张哥见了，非常生气，就大声呵斥烁烁，并用手轻轻敲打了一下他的头。结果，烁烁大哭大闹起来。

爷爷奶奶看见烁烁哭了，非常心疼地责怪张哥，奶奶还一边拍打张哥的胳膊，一边对烁烁说：“爸爸不好，我们打爸爸，打爸爸。”而爷爷则赶快夹起鸡腿，放到烁烁的碗里。

看到爷爷奶奶都护着自己，烁烁立刻停止哭泣，一只手抹着眼泪，一只手拿起鸡腿大口大口地吃着。

烁烁虽小，可看到他这么没有规矩，我还是有些担心。饭后，还不等我开口，张哥就说："让你见笑了，这孩子太没规矩了，等他大点，一定好好给他立立规矩。"

我笑着说："孩子是小，可是必要的规矩还是要立的。孩子一旦养成了习惯，以后想要改正会比较费劲的。"

正说着，烁烁跑到我们身边，抓了一把放在茶几上的瓜子，撒在地上，一边一脚一脚地踩着，一边哈哈大笑。

我和张哥互相看了一眼，无奈地笑了。

我们可以给孩子自由，但不能让孩子太过自由。立规矩，能够让孩子明确知道，什么事情可以做，什么事情不能做，避免给孩子造成伤害。

※※※ ※※※ ※※※ ※※※ ※※※

既然规矩对孩子的成长如此重要，父母就要给孩子定规矩，让孩子在规矩的约束下，尽快成长起来。

桐桐有点黑，在她六岁的时候，不知道从哪里知道化妆品可以增白，于是，总是趁妻子不注意的时候，偷偷抹妻子的化妆品。

每次，妻子看到化妆品被弄得乱七八糟，都非常生气：浪费钱是小事，可弄得到处乱七八糟，实在让爱干净的妻子看不过去。

我也觉得，桐桐虽小，但也到了给她立规矩的时候了。我想通过这件事情告诉她，不经过妈妈的同意，不能乱动妈妈的东西。

当桐桐再一次兴风作浪后，我对桐桐说："桐桐，化妆品是妈妈用的，妈妈不是给你买儿童霜了吗？你怎么一直用妈妈的化妆品呢？"

桐桐低着头说："我也想像妈妈那么白……"

我笑着说："可是，妈妈的化妆品里含有很多不好的东西，你的皮肤太嫩，如果总是用妈妈的化妆品，不仅不会变白，还可能让你的脸上长满小痘痘。"

桐桐一听，瞪大了眼睛。看到我的话起了作用，我继续说："所以，妈妈才会给你买儿童霜，那是专门给小孩用的。如果你想用，等你长大了爸爸给你买，好吗？”

桐桐点点头。

我接着说：“而且，化妆品是妈妈的，你不经同意就动妈妈的东西，这样做是不礼貌的。以后，不经别人的同意，就不要碰别人的东西，记住了吗？”

桐桐似乎明白了我的话，但我知道，想要让这个规矩真正制约住桐桐，还需要妻子的监督和提醒。

给孩子定规矩，是帮助孩子往更好的方向上引导，是对孩子负责。在规矩下长大的孩子，要比没有规矩的孩子更容易成功。

※※※　※※※　※※※　※※※　※※※

定下了规矩还不够，因为孩子自制力差，需要对孩子进行严格训练。孩子一次次地违背规矩，就是一个个训练的过程，没有这个过程，孩子就不可能进步。

桐桐从小就喜欢玩，我和妻子也给她买了很多的玩具。可是，桐桐总是喜欢乱扔玩具，玩腻了就随便丢在客厅，等着妻子帮她收拾。

我觉得，桐桐已经大了，完全可以自己收拾玩具。之所以到现在还乱扔玩具，是因为我们没有给她立下相关的规矩。

于是，在一次桐桐玩完玩具，想要拍拍屁股走人的时候，我对她说：“桐桐，从今天开始，你要自己收拾自己的玩具，如果你收拾不好，爸爸妈妈以后恐怕不会给你买新玩具了。”

桐桐听了，虽然有些不情愿，可还是一点一点地开始收拾玩具。在桐桐收拾完之后，我表扬她说：“桐桐真棒，能自己收拾玩具了。”桐桐笑了，忘记了刚才的不快。

可是，第二天，我一下班回家，就看到客厅满满一地的玩具。不用说，肯定是桐桐又没有收拾玩具。

我来到桐桐房间，故意说：“刚刚我走过客厅，就像是经历了一场探险。我要小心翼翼行走，防止踩到小鸭子、小船、小娃娃，还要小心不能踢翻积木，真是紧张啊。”

桐桐听了，明白我是在责怪她没有收拾玩具，但是她还是想耍赖：“一会儿妈妈会帮我收拾的。”

我摇摇头：“不会的。我们每个人都有自己的事情要做，桐桐答应过爸爸要好好收拾玩具，就应该那样做才行。”

桐桐见耍赖无效，只好答应照做。在桐桐收拾玩具时，我故意逗她笑，没花多少时间，她就把玩具全部收拾好了。

后来，每次遇到桐桐没有收拾玩具的情况，我就会提醒她收拾。直到后来，桐桐终于可以自觉主动地收拾玩具了。

通过一次次的训练，让孩子学会遵守规矩，这是非常必要的。练习的次数多了，孩子对规矩也能认真遵守了。

※※※　※※※　※※※　※※※　※※※

规矩对于父母来说，不单是帮助父母约束孩子的手段，也能使孩子更加安全，远离不必要的人生陷阱和伤害。

给孩子立下规矩，就要坚决地执行，并且不断让孩子练习，以适应这些规矩。这样，孩子才能真正成为守规矩的人。

及早设定行为规范，给孩子的行为打开一盏指明灯

及早给孩子设定行为规范，其实就是在给孩子立规矩，能给孩子正确的指导，帮助孩子避免一些错误的行径。

父母想要用规则规范孩子的行为时，一定要注意，给孩子的要求一定要明确。像一些模棱两可、范围不清的词，最好不要使用。

像很多其他小朋友一样，桐桐小时候吃饭也很磨蹭。总是吃一口玩一会儿玩具，再吃一口，又跑去看电视。

妻子对于桐桐这样的行为，总是有些头疼，一遍又一遍地对桐桐说："你要吃快点，你要吃快点。"

可是对于孩子来说，父母说"快"时，孩子恐怕很难理解。果然，妻子一遍遍的叮嘱对桐桐没有丝毫作用。

我知道孩子吃饭比成人慢，可如此不好好吃饭，会影响到孩子的身体发育。于是，我在晚饭时，对桐桐说："桐桐，玩玩具的时候还要吃饭，是不是感觉很烦啊？"

桐桐点点头："是啊，要是不吃饭，一直能玩玩具就好了。"

我也故意赞同桐桐说："是啊，吃饭是会耽误玩的时间，可是，如果你在吃饭的时候吃饭，而不是一边吃一边玩，就能很快吃完，就有更多的时间玩了。"

桐桐看看手里的玩具，又看了看眼前的饭菜，认真地想了一下，然后说："那我今天能抱着玩具吃饭吗？"

我点点头："可以，但明天吃饭的时候就不能拿着玩具了，也不能吃一口饭就去看电视。爸爸会看着你吃的。"

我虽然之前教过桐桐关于时间的概念，但我觉得，对于桐桐来说，想要用时间约束她似乎有些难为她，便决定在一旁提醒她。

果然，有了这些明确的规定后，桐桐吃饭的速度变得快多了。虽然我没有给她规定详细的时间，但比妻子总是说"你要吃快点"有效多了。

所以，父母在给孩子立规范时，一定要明确。对于大些的孩子，可以具体量化，这样孩子才知道自己要达到什么样的目标。

※※※　※※※　※※※　※※※　※※※

给孩子立规范，必须要简单易行。一方面要让孩子明白为什么要按规定的做，另一方面也要让孩子很容易做到。

一次，我去学校参加桐桐的家长会。我发现，来参加家长会的男性家长只有我和另一位爸爸，我们很自然地坐在一起，交流家庭教育经验。

这位爸爸颇有些得意地告诉我，他儿子年龄是班上最小的，成绩却是班上最好的，而且在琴棋书画方面也是样样精通。

年龄这么小，却精通这么多东西，看来只有两种可能了。一是孩子天资聪明；二是父母教育过于严格。

我故意问道："想必你儿子很聪明吧？"

这位爸爸笑了："我儿子是比较聪明，不过也和我的教育方法有关。从他很小的时候开始，我就给他立下了各种规矩。

"从孩子五岁时起，我就要求他每天六点起床，饭后学习半小时的琴，下午从幼儿园回来后，又给他规定，先练习画画，再看书，然后练习书法等等。"

"孩子这么小，对于时间有概念吗？能听懂你的要求吗？"我不禁提出了自己的疑问。

"哪个孩子能有记性？我儿子还曾经问我，为什么要按我说的做，后来我把他打了一顿，他就再也没有问过我。如果没有按照规定做，我就打他，这一招很有效。现在不用我提醒，他也很守规矩。”

听了这位爸爸的话，我真的同情这个孩子，在自己还不明白规矩是怎么回事的时候，就在爸爸的责打下学习遵守这么复杂的规矩。

晚上，我把家长会上的见闻说给了桐桐听，桐桐听完就笑了：“你说的那个最小的同学是我们的第一名，但我们都叫他‘小傻’，因为他除了听话，什么都不会。”

孩子的理解能力不足，自制力也不强，如果规矩深奥难懂，或者很难做到，会打击孩子的积极性，也影响规矩的实施。如果父母再强制孩子遵守，只能让孩子变得畏首畏尾，丧失自我。

※※※　※※※　※※※　※※※　※※※

设立规则前，父母一定要耐心协商，使双方对孩子的要求一致。如果父母要求不一，孩子会觉得混乱，不知道怎么做，甚至有可能学会钻空子。

妻子在桐桐的学习问题上，要求一直比较严格。可是在生活上，桐桐偶尔出现一些问题，妻子经常睁一只眼闭一只眼，导致桐桐身上有很多的小毛病。

有一次，晚上已经过了七点，桐桐还没有回家。我感觉很奇怪，因为我曾明确告诉她，放学后要立刻回家。正要出去找她，就看见桐桐一身脏兮兮地回来了。

看到我一脸诧异的样子，桐桐先开口了：“妈妈同意了！”然后，不顾没有反应过来的我，直接回到了房间。

等到桐桐洗完澡吃过晚饭，我对她说：“桐桐，爸爸不是想批评你，爸爸只想知道你去了哪里，这么晚没回来，爸爸真的很担心你。”

桐桐有些不好意思地说：“爸爸，今天放学后，我和几个同学去公园玩了，原本说好只玩一小会的，结果玩着玩着天就黑了。”

我拍拍桐桐的肩膀说：“桐桐，你也长大了，以后做事要有点时间概念，下次不要这么晚回家了。”

在桐桐点头答应后，我来到房间，对正在看书的妻子说：“桐桐说她晚回来是你同意的，这是怎么回事呢？”

妻子说：“上次桐桐耍小孩脾气，只想玩，不愿意写作业，我为了哄她，告诉她以后可以在放学后玩一会儿再回家。”

我对妻子说：“让桐桐放学后就回家，是我们商量好的，你却告诉桐桐可以晚回家，这下让桐桐钻了空子。以后，一定不要随意破坏规定了。”

妻子自知理亏，点头答应了。

孩子还小，无法判断父母的要求哪一个才是对的。父母总是给孩子不同的规定，会让孩子缺乏判断能力，还会使孩子变得越来越不听话，父母一定要避免。

※※※　※※※　※※※　※※※　※※※

给孩子立规矩，是帮助孩子成长必经的阶段。在用规矩约束孩子的行为时，父母一定要注意三点。

一是立规矩要求一定要明确，让孩子有标准所依；二是规矩一定要简单明了，让孩子知道自己该怎么做；三是规矩一定要一致，避免孩子在父母的教育分歧中钻空子。

签订协议，让孩子用积极的行动弥补自己的过失

和孩子签订协议，能让孩子对自己的行为负责，改掉推卸责任的习惯，学习用积极的行动弥补自己的过失或错误。

很多时候，孩子出现错误以后会耍赖，把责任推到父母或者其他客观因素上。为了防止这种情况，父母可以提前和孩子签协议，孩子出现问题后，一切按协议上写的办。

朋友黎兵从小家教很严，导致他对规矩非常重视，认为应该从小就给孩子立下规范，于是就给儿子小普定下了很多规矩。如要听父母的话，要讲究卫生等。

可是，小普并不吃黎兵这一套。每次黎兵想要教训他，他总是振振有词，不是说“父母不能打骂小孩”，就是说“小孩和大人是平等的”，说得黎兵也不知如何是好。

后来，我告诉黎兵，可以提前和小普签订协议。既能约束小普的言行，也能在出现过失后，让他用积极的行动弥补。

黎兵听了我的话，就专门找一天和小普达成了协议。协议不仅对小普的言行做出了规定，也对黎兵夫妇提出了一些要求。

如，黎兵夫妇答应，以后不能在小普面前唠叨，不打骂小普，周末要陪小普出去玩等；而小普也同意每天认真完成作业，接受父母的监督，保持衣着干净，每周末对自己的房间进行大扫除等。

协议上除了有规定外，还有违反规定以后应该如何改正。如黎兵夫妇做错了，要向小普道歉，同时对小普做出一定的补偿；小普做错了，则有相应的改正措施。

为了引起小普的重视，黎兵特意把协议内容落实在了纸上，还签了名，按了手印。这让小普很兴奋，有种长大了的感觉。

黎兵说，自从签订了协议后，小普就像换了一个人似的，每天饭前都记得洗手，房间也整理得很干净。偶尔做错了事情，黎兵指指贴在客厅墙上的协议，小普就会二话不说，立刻改正。

我想，协议能让孩子觉得，自己和父母是平等的，协议不仅是对自己的约束，也对父母提出了要求，孩子当然不愿意比父母差，所以就努力遵守协议。

※※※　※※※　※※※　※※※　※※※

和孩子订立协议时，对孩子的要求要适度，不能对孩子要求过于严格，使得孩子不容易做到，而在违反协议后又无法改正。

听说签教育协议能让孩子变得懂事，同事夏莉非常高兴，想通过和儿子签订协议，改掉儿子一系列的恶习。

夏莉非常兴奋地对我说："我儿子学习不认真，我要和他签订协议，让他主动学习，考试考高分！"

听到夏莉这话，我就觉得没戏。夏莉儿子身上缺点太多，想要一下子全部改掉，一口气吃个大胖子，怎么可能呢？

可看到兴致勃勃的夏莉，我也实在不忍心打击她，想着等过几天，再好好和她说说。

还没等我和夏莉说，夏莉就先找我聊到了和孩子签订协议的话题："成老师，你说，人家和孩子签协议都能成，怎么我和孩子签订协议就适得其反呢？"

原来，夏莉回到家后，就把自己对儿子的要求写在了纸上，儿子虽然有些不大同意，但看到夏莉的物质奖励非常丰厚，就答应了。

结果，第二天，儿子光顾着玩，忘了写作业。夏莉罚他写完作业再睡觉，结果他直接趴在桌上睡着了，所谓的协议，就形同一张废纸。

我对夏莉说 ：“你想用协议帮助孩子改正缺点、提高成绩是好事，可是你对孩子的要求太高了，有些不切实际。孩子通过努力，还是做不到，就会影响积极性，反而会出现比之前更差的情况。

“孩子不可能在各个方面同时努力，你可以选择孩子急需改正的一面，制定合理的协议，督促孩子认真去做。”

孩子存在不足是在所难免的，父母要放弃用协议将孩子的缺陷全部消除的心理，帮助孩子一点一点进步，急于求成反而会适得其反。

※※※　※※※　※※※　※※※　※※※

在讨论协议内容时，父母要和孩子达成一致。不能把孩子不接受的条款强加到协议里，会让孩子找到不遵守协议的借口。

我和桐桐也制定过协议。由于桐桐不喜欢洗衣服，我就把自己洗衣服这条放到了协议里，由于我认为协议很合理，就没有征求桐桐的意见。

结果，没过几天，我就听见妻子抱怨：“这桐桐，衣服不自己洗也就罢了，还把衣服偷偷藏到了床底下，把衣服弄得更脏了。”

我很快明白了是怎么回事。桐桐没有按照协议洗衣服，怕我发现，便偷偷把衣服藏了起来，以为这样就能避过我的耳目。

晚上，我问桐桐 ：“桐桐，今天妈妈从你床底下找到了几件脏衣服。你不是和爸爸说好要自己洗衣服的吗？怎么偷懒了呢？”

桐桐有点不高兴 ：“让我洗衣服是爸爸的决定，我又没有同意，我不同意就不算数。再说了，我天天这么多作业，哪有时间天天洗衣服？”

我想了想，也是，错在我，是我没有征询桐桐的意见，就想当然地认为她会同意，结果让桐桐找到了辩解的理由。

我立刻道歉 ：“爸爸没有征求你的意见，是爸爸的错，可是爸爸以为你长大了，可以自己洗衣服了。如果时间来不及，我们可以修改一下这条协议。”

随后，我和桐桐经过一番讨论，决定小衣服由桐桐自己洗，大点的衣服由妈妈帮忙洗。作为妈妈帮桐桐洗衣服的报酬，桐桐要一周帮妈妈洗三次碗筷。

定完协议，我和桐桐都满意地笑了。

这也提醒了其他父母，在签订协议前，父母要把想要孩子遵守的规定以及相关奖惩措施列出来，一条条让孩子看，在孩子同意后再签订。

※※※　※※※　※※※　※※※　※※※

和孩子签协议，实际是在暗示孩子，父母与孩子是平等统一的。协议是为了让孩子自我管理，在出现问题后自己学会解决。

所以，在签订协议的时候，父母要尊重孩子，和孩子平等进行协商，不给孩子提出过高的要求，这样孩子才能认真遵守，违反协议后才能积极主动地改正。

让孩子自己面对"后果"，比任何惩罚都有说服力

> 规矩是父母定的，遵守却需要孩子来做。当孩子违反规定后，父母不要急于惩罚孩子，让孩子自己面对后果，比任何惩罚都有效。

很多父母在孩子不听劝告犯了错以后，就会急于责备孩子或者帮助孩子收拾残局，这样做对孩子的成长与进步都是非常不利的。

夏天到了，为了防止桐桐吃太多的雪糕，我在批发雪糕前，就和桐桐做了约定：一天只能吃一根雪糕。

桐桐虽然想多吃雪糕，但由于我和妻子的监督，她只能被迫遵守规定。有时，她也会故作可怜状，希望多吃一个，但总会被我和妻子拒绝。

一天，桐桐去找表妹乐乐玩，回到家以后，就开始上吐下泻。我和妻子不知道是怎么回事，急急忙忙送桐桐去医院。

经过一番检查，我和妻子才知道，桐桐是由于着凉得了急性肠胃炎。我很不理解：桐桐出门之前还好好的，怎么去了乐乐家一趟就着凉了呢？

从医院回来后，妻子给桐桐盖好被子睡觉，我则给乐乐妈打了电话，向她询问桐桐和乐乐白天一起玩的情况。

乐乐妈说，白天桐桐来到她家后，一边大喊着热，一边把空调调到 16 度，然后打开冰箱，和乐乐一起吃雪糕。

乐乐妈怕孩子着凉，就要把温度调高些，可桐桐不愿意，还说吹一小会儿就行。乐乐妈看桐桐确实热得厉害，就同意了，没有再管她们。

下午，乐乐妈做好饭，喊乐乐和桐桐吃饭时，才发现两人在屋里睡着了。垃圾筐里装满了雪糕袋，看来两个孩子吃了很多雪糕。

我这才明白，原来是桐桐吹了空调，吃了太多的雪糕导致了问题。但我想，通过这件事情，桐桐应该可以明白多吃雪糕的坏处。

第二天，不等我给桐桐讲道理，桐桐就小声地对我说："爸爸，我下次不吃这么多雪糕了，上吐下泻真的很难受。"

让孩子自己面对后果，能让孩子直接看到违反规矩以后的坏处，从而明白父母要求他遵守规矩的良苦用心，以后能变得遵守规矩。

※※※　※※※　※※※　※※※　※※※

在孩子不守规矩时，有些父母喜欢威胁孩子，说什么"不听话就不爱你了"之类的话。与其这样，还不如按照规定的那样，让孩子品尝违反规矩的后果。

由于工作需要，家里很早就买了电脑。不知道桐桐从哪里知道用电脑可以玩游戏，经常吵着要玩电脑。

我觉得，玩游戏从一定程度上可以锻炼孩子的头脑反应能力，但时间长了对视力不好。于是，便规定桐桐每次玩电脑不能超过二十分钟。

一开始桐桐非常兴奋，也还算守规矩。只是到了后来，随着桐桐对电脑知识了解越来越多，她便不甘心每天只玩二十分钟。

有一天，我下班回到家，听到妻子正在书房训斥桐桐："不是说好玩二十分钟的吗？时间已经到了，你怎么还不关机？我告诉你，你再不关电脑，我就把电脑设置密码，不让你用了。"

我走进书房，妻子无奈地向我告状："说好玩到六点半的，这都六点四十了，她还不愿意关机。"

我对桐桐说："桐桐，你今天玩电脑的时间已经到了，如果你不愿意关电脑，爸爸可要动手帮你关了。"

看到桐桐没有反应，我继续说："今天你多玩了十分钟，那明天你就只能少玩十分钟了。如果现在不关机，那你这周都不要再玩电脑了。”

听了我的话，桐桐很不情愿地关了电脑。

第二天，我在书房看书，桐桐在玩电脑，十分钟一到，我立刻要求她把电脑关上。桐桐想要赖，看到我一脸严肃的样子，只好恋恋不舍地关了机。

让孩子尝到违反规矩的后果，就会知道父母的话不是虚言，知道自己会为自己的行为付出代价，便会试着遵守规定。

※※※　※※※　※※※　※※※　※※※

很多时候，孩子是因为自己自制力不强、忘性大、时间观念差等原因，导致一而再再而三地违反规定，当孩子体会到不良后果后，父母应该帮助孩子弥补缺陷，让教训真正对孩子起到促进作用。

看到现在做事井井有条的桐桐，我时常想起桐桐小时候丢三落四的情景。那个时候的桐桐，还真是名副其实的小糊涂虫。

桐桐上一年级时，由于有奶奶帮她收拾书包，一直没有出现过什么问题。到了二年级时，我要求她自己收拾书包，结果问题丛生。

那天，我没有去工作室，而是在家里休息。结果，看着母亲拿着红领巾要出门。原来，桐桐忘记了戴红领巾，打电话让母亲给送去。

后来，我听妻子说，桐桐到了学校后，不是发现没带文具盒，就是发现没带作业本或者课本，每次都打电话让奶奶给送去。

我觉得，既然让桐桐自己收拾书包了，她就应该自己负责。我说服了母亲，然后和桐桐进行了一次谈话。

我告诉桐桐：“桐桐，以后你收拾书包的时候要仔细些，我已经和奶奶说好了，不让她再给你送东西，你想想，你要怎么才能保证不落东西呢？”

桐桐想了想，说：“我收拾完书包后，就让奶奶帮我检查一遍。如果忘了带什么东西，奶奶提前告诉我就行了。”

我说：“这可不行，收拾书包是你自己的事情，怎么能麻烦奶奶呢？”

桐桐有些不服气：“奶奶不告诉我，我怎么知道忘了带什么？”

我安慰桐桐：“不担心，爸爸可以和你一起把每天要带的东西写下来，你对着单子检查就可以了。如果老师安排第二天带什么，你就记在本子上。”

桐桐虽然不太高兴，可还是同意了。在之后的日子里，桐桐忘带东西的次数越来越少，整理书包也越来越迅速了。

孩子如果不知道怎么做才能做好，就算一遍遍体会违反规矩的后果，对他的实际意义也不大。帮助孩子减少不良后果的发生，才能让孩子真正进步。

※※※　※※※　※※※　※※※　※※※

给孩子定下规矩后，要怎么做就看孩子的了。如果孩子违反了，就要让孩子自己接受后果或者规定的处罚。

这样不仅能让孩子更加理解规矩、重视规矩，也能帮助孩子改掉各种不良行为和习惯，让规矩成为帮助孩子克服缺陷的手段。

教育过后要亲近孩子，让孩子感到爱而不是充满仇恨

孩子在被父母教育过后，情绪很容易陷入低潮。此时，父母要亲近孩子，让孩子感受到父母对他的关心和爱护。

有些父母在教育过孩子之后，喜欢故意孤立孩子，想要让孩子有更多的时间反省。可这样做，会伤害孩子的心灵，让孩子对父母充满不满甚至仇恨。

周六一大早，我就接到一个求助电话。电话是一位爸爸打过来的，他说儿子越来越叛逆，似乎总是找机会报复他。

由于不了解事情的真相，我便让这位爸爸带着儿子来我家，我想和他的儿子好好聊聊，从两方面了解造成儿子报复爸爸的原因。

很快，爸爸就带着儿子过来了。那是一个长得很帅气的男孩子，衣着简单、干净，和一般叛逆的孩子很不一样。

我让那位爸爸出去转转，想要单独和男孩聊聊。从男孩的叙述中，我听出了男孩对爸爸的不满，也知道了怨恨的源头。

原来，从小到大，每当男孩做错了事情，爸爸就会大声训斥他一顿，有时还会拳打脚踢，希望他改正错误。

男孩理解爸爸的用意，懂事的他很想得到爸爸的谅解。爸爸不但故意冷落他，还让家人也孤立他，这让他很伤心，也开始怨恨爸爸。

后来，男孩问我："我爸爸这样对我，还想让我对他感恩戴德，想让我孝顺他，您觉得可能吗？”

我能看得出来，这是个本质非常好的孩子，却因为误解了爸爸对他的关心，导致发生现在这种父子对峙的局面。

后来，我对男孩的爸爸说：“孩子怨恨你，是因为你在他情绪低落的时候不但不安慰他，反而让身边的人都冷落他，你虽是想让孩子改错，却给孩子造成了巨大的伤害。”

教育孩子是父母的责任，但是给孩子一颗快乐的心，更是父母应该做的事情。在教育孩子之后，父母要记得亲近孩子，让孩子打心眼里想要改正。

※※※　※※※　※※※　※※※　※※※

教育过后亲近孩子，可以分为两步来做。第一步，安慰孩子。孩子在被父母教育后，心情会比较低落，父母安慰孩子，可以帮孩子恢复情绪。

桐桐上了小学以后，变得喜欢捉弄人。有时，她会把家里的东西藏起来，看着到处翻找东西的我或妻子哈哈大笑。

有一次，到了吃药时间，有高血压的母亲发现自己的降压药不见了。母亲找了半天也没有找到，以为是自己吃完药忘记买了。

没办法，母亲只好到附近的药房去买药，并顺便测量一下血压。没想到，血压超高。药店小女孩说，幸好药房离得近，要是离得远，在半路出事就麻烦了。

晚饭时，母亲说了这件事，还笑着说自己太糊涂，药吃完了都忘了买，说以后要是得了老年痴呆就麻烦了。

桐桐听到这，咯咯地笑了起来。看到我们不解的样子，桐桐从电视柜抽屉里拿出了降压药：“奶奶，你没糊涂，是我把药藏了起来。”

我一看，顿时就火大了，一改往日的和蔼态度，批评桐桐：“奶奶的药是用来治病的，必须按时吃才行，你把药藏起来，万一奶奶血压突高，却找不到药，你能想到后果有多严重吗？”

桐桐似乎这才意识到，自己开玩笑有可能会伤害到奶奶的性命。她一下子慌了，抱着母亲哭起来：“奶奶，我错了，你千万别有事，我以后不藏你的药了。”

等到桐桐不哭了，我开始安慰她 ：“桐桐，你能认识到自己的错误，以后记得改正就行了。还好奶奶没事，你也不要太自责了。”

桐桐一边擦着眼泪，一边向我保证 ：“爸爸，我知道错了，我以后不乱开玩笑了。”

当教育完孩子后，父母要从语言和行动上安慰孩子，比如可以对孩子“没关系，下次注意就行了”，也可以抱抱孩子，摸摸孩子的头等安慰孩子。

※※※　※※※　※※※　※※※　※※※

很多孩子不明白父母的用意，以为父母教育、批评或者责怪自己，意味着父母讨厌自己了，从而产生心理恐慌。

有一次，我带着桐桐在公园里玩沙子。有一个小男孩非常调皮，用手抓住一把沙子，放进旁边一个小朋友的衣领里。

看到旁边的小朋友跳起来抖动衣服里的沙子，小男孩高兴地哈哈大笑。

这一幕被小男孩的妈妈看到了，她非常生气，来到沙堆旁，冲着小男孩就是一脚。小男孩一屁股坐在地下，哇哇大哭起来。

妈妈不仅不安慰孩子，反而大声呵斥说 ：“你这孩子，怎么这么调皮？再欺负其他小朋友，妈妈不爱你了！”

听完妈妈的话，小男孩哭得更加伤心了，可妈妈就像没有看到一样，转过身去，继续坐在长椅上休息。

小男孩哭累了，又继续玩沙子。不一会儿，他就堆出了一个像城堡一样的沙堆。小男孩一边叫着“城堡城堡”，一边去拉妈妈来看。

妈妈甩开了小男孩的手，并且呵斥道 ：“滚开，你知道你有多烦人吗？我不喜欢你了，你自己去玩吧，别再来烦我！”

虽然，我很能理解，一个被孩子折腾到极限的妈妈很容易说出一些赌气的话，但这个小男孩并不知道，他以为妈妈真的不喜欢他了，反而把妈妈抱得更紧了。

“妈妈，你别不喜欢我，妈妈，你别不要我啊！哇哇哇哇……”小男孩的哭喊声让人听着都心疼。

一旁的桐桐问我 ：“爸爸，那个小弟弟都哭了，那个阿姨怎么还这么凶啊？”我没有回答，只是无奈地冲桐桐笑了一下。

小男孩犯了错，妈妈教育一下他是可以的，可用踢孩子这种粗鲁的方法教育孩子，恐怕无法取得教育的效果。而一次次地把小男孩推开，更是伤了他的心。

不管怎样，父母在教育过孩子后，一定不要忘记亲近孩子，让孩子表达自己对孩子的爱。并且，要明确让孩子知道，不管他表现如何，父母都爱他。

※※※　※※※　※※※　※※※　※※※

父母在教育孩子之后，一定要亲近孩子，给孩子一些心理安慰，不要等到孩子对自己充满怨恨以后，再告诉孩子“我们爱你”。

亲近孩子的方法有很多，是用鼓励的语言安慰孩子，还是抱抱孩子，亲亲孩子都可以，但一定要充满爱意，让孩子感受到父母的爱。

没有规矩不成方圆，直接拒绝孩子的过分要求

一个不曾被拒绝的孩子，是难以有较强的受挫能力的。对孩子说“不”，不给孩子讨价还价的机会，这是在帮你提升在孩子心目中的威信，也是在教给孩子做人和做事。

最近，桐桐有些让我大伤脑筋。她总是提出一个个要求，一般对于她的合理要求，我和妻子是无条件满足。

但是，桐桐已经有好几个娃娃了，前几天却对妻子说：“妈妈，我想要个新的芭比娃娃。”

“不行，你已经好几个了，上次王阿姨不是刚送你一个吗？”

“那个不好看，我不喜欢，我想要妞妞买的那样的。”桐桐开始对妻子“软磨硬泡”，“妈妈，你就给我买吧，我就想要那样的。”妻子忙着洗衣服，也没搭理她。

看着自己的方法不灵，桐桐哭了起来，声音越来越大，妻子实在没办法了，才过来哄她，说：“你去和你爸爸说，你爸爸如果给你买，那就买。”

妻子冲我使了个眼色。在这种时候，妻子总是习惯将难题抛给我。

我对桐桐说：“桐桐，爸爸不能答应你的要求。”话音未落，桐桐撇撇嘴又要哭，但是我还是没有妥协，继续说下去：“如果你提的是合理要求，我和你妈妈都不会拒绝。可你的这个要求根本就不合理。听明白了吗？”

看着桐桐气嘟嘟地回自己房间了，妻子还抱怨我说："你这么严肃，孩子估计都被你吓着了。"

我说："拒绝孩子的时候就应该认真一点，对她的不合理要求，要让她知道，我们是彻底拒绝她了。"

※※※　※※※　※※※　※※※　※※※

那次之后，只要我拒绝桐桐一次，她就会知道，对于她的要求，我是认真考虑过的，只要是拒绝，就没有商量的余地。

在教育孩子的时候，最怕的，就是你立场不坚定，或者和家里其他成员之间教养态度不一致。

"没法管了。"一天，同事小王一进办公室就冲我说，"疼孩子，也没有我妈那样的啊。我前脚刚拒绝了晓雅，后脚，她老人家就把晓雅想要的东西买回来了。你说让我怎么管啊？"

他继续向我说着晓雅的事情。

"昨天晚上，晓雅非要吃薯条，家里的薯条没了，我说外面下大雨呢，等明天再买，晓雅都同意了。可是她奶奶愣是冒着大雨，给她的孙女买来了薯条。晓雅拿着薯条在我面前显摆，你说我今后怎么树立在她面前的威信啊？"

说罢，他深深地叹了口气。

我只能说让他先统一一下家里的意见，然后才能对晓雅施以正确的教育。

※※※　※※※　※※※　※※※　※※※

拒绝孩子，不仅仅是要拒绝孩子的不合理要求，还要学会拒绝孩子向你"求援"，让孩子摆脱对你的依赖，自己去克服困难。这也是你应该掌握的"拒绝"学问。

"爸爸，扶扶我……"桐桐刚学滑板时经常这样向我求助。

而我一般都是在远处望着她，微笑着鼓励她自己滑。最初的时候，我每次都会跟在桐桐身后，她一不稳，我就上前扶住她，这使得她变得很依赖我，学得也很慢。

等到桐桐可以自己滑了，我就不再帮助她。我告诉妻子也不要过去帮她。无论她怎么叫我们，我们就是不上前帮助她。妻子开玩笑地对我说："还没见过这么狠心的爸爸呢。"

这样，桐桐学得反而很快。这源于"拒绝"。

※※※　※※※　※※※　※※※　※※※

一个不曾被拒绝的孩子，是难以有较强的受挫能力的。对孩子说"不"，不给孩子讨价还价的机会，这是在帮你提升在孩子心目中的威信，也是在教孩子做人和做事。

孩子的欲望很强烈，满足孩子无休止的欲望是不可能的，那就需要你学会拒绝孩子的不合理需求。坚持自己的态度，给孩子讲清不满足于他的理由。借此机会，也可以让孩子知道，这个世界不是你想要，就会得到的。

如果非要惩罚不可，请选择孩子乐于接受的惩罚方式

征求孩子的意见，选择孩子可以接受的惩罚方式，这也是让孩子自己反省的过程，孩子也会对此记忆更加长久，使孩子得到反省和警惕。

在我家客厅的角落里，放着一个用纸做的“警告棒”。这个警告棒是我和桐桐一起完成的。

桐桐懂事之后，我觉得很多错误都是她可以避免的，可是她对自己的行为缺乏自制力，有时候前一秒钟，刚给她纠正了错误，下一秒，她还是照犯。

那天，我刚告诉她不要将吃过的泡泡糖放在沙发上，不好清理。可她还是将泡泡糖弄在了沙发上。我批评她，她还咯咯笑，弄得我很被动。

我突然有了个主意：“桐桐，爸爸和你制作一个玩具，好吗？”桐桐一听制作玩具，立马来了精神。

可是听我说了做什么之后，她的积极性就少了很多。但是我还是坚持要她和我一起做。我告诉她：“我们一起动手来做个警告棒。”

“警告棒是什么东西？”桐桐迷惑不解地问我。

我说：“桐桐，以后你要是做错事了，我会给你一次改正的机会，如果你还是不改，爸爸就要让警告棒发挥作用了。”

“爸爸，我知道了，可是我有个小小的要求，你能答应我吗？”

“你说。”

“你可以打我的手心吗？不想你打我身上的别的地方。”

“可以，打你不是目的，安全问题还是要注意的。”我和桐桐笑作一团。

※※※　※※※　※※※　※※※　※※※

在轻松的氛围中，我“打”桐桐的道具就准备好了，桐桐参与了整个过程，她知道我制作这个警告棒的原因和意义。并且她也知道了，我虽然疼她爱她，但还是有原则的。

关键是她接受了我的教育方式，还向我提出了她的要求。

你的孩子做错了事情，你要以适当的方式处理，如果孩子不听从你的劝告，那就要给孩子一些适当的处罚，让孩子认识到自己的错误，当然，前提是你要找到孩子可以接受的处罚方式。

※※※　※※※　※※※　※※※　※※※

有一次，桐桐想和乐乐说话了，于是，我帮桐桐拨通了乐乐家的电话，接电话的是我大姐。她的声音很低：“乐乐现在不能接电话。”搞得很神秘。

我问大姐乐乐怎么了？

“她正在接受处罚呢。一个小时后再让桐桐给她打电话吧。”大姐说。

这时，我听到了乐乐的哭声。我问大姐到底怎么了。

“她今天跑着玩的时候，将家里我最喜欢的一只玻璃杯打碎了，现在正跪在客厅接受处罚呢。”大姐生气地和我说。

“罚跪？小小的孩子，怎么用那种方式？”我的声音有点大。大姐提醒我声音小点，乐乐听见又要闹意见了。

“你事先问过乐乐，她同意这样的惩罚方式吗？”

“真是笑话，我哪用得着问她。”大姐不想听我的教育经，索性将电话挂了。想必，乐乐还会一直跪着，直到一个小时后吧。这让我很心疼。

之后，我想了很多，大姐这种方式，除了让乐乐对她心生怨恨之外，也使乐乐的自尊心受到了极大的侮辱。且说乐乐长大成人，走出家门后，还会有自信吗？

在你选择惩罚孩子的方式时，请你尊重一下孩子，讲究民主，让孩子乐于接受惩罚，而不是所谓的逆来顺受去接受惩罚。

※※※　※※※　※※※　※※※　※※※

桐桐三岁之后，我和妻子每周都会给她一些零花钱，给桐桐自己买东西的机会。如果家里买不是很重要的东西，都会让她去买。一直以来，桐桐也没出过差错。

可是，那次我让桐桐去买盐，结果，她把买盐的钱全拿来买棒棒糖了。她回家后，我问她："桐桐，你买的盐呢，妈妈还等着用呢。"

桐桐站在那里不说话，我看见她手上多了几支棒棒糖，立刻就明白是怎么回事了。

"爸爸，我错了。"我还没说话，桐桐先开了口。

"你怎么错了？"我问她。

"我在去买盐的路上，看见有个小孩在吃棒棒糖，我就想吃了。到了商店，我竟然直接说买棒棒糖……"桐桐抬起头，看我的反应。

"那你说要怎么办啊？"我试着问她，想听听她的想法。

"爸爸，你说吧。"桐桐知道自己不对，没有底气地说。

"这周，我和妈妈都不再给你零花钱了，当成对你的惩罚。"看见桐桐可爱的表现，我真想原谅小小的她，可是不行，必要的惩罚还是要有的。

"就这个惩罚啊？嗯，好的。我没意见。"等我说完，桐桐就接上了话。

桐桐自己同意的惩罚方式确实发挥了作用。我和妻子从那之后，都会放心地将买小件物品的任务交给桐桐去完成。

※※※　※※※　※※※　※※※　※※※

孩子如果犯了错误，就给予一些适当的惩罚，可以提高孩子的责任心，也可以提高孩子的做事能力。

征求孩子的意见，选择孩子可以接受的惩罚方式，这也是让孩子自己反省的过程，孩子也会对此的记忆更加长久，使孩子得到反省和警惕。

第六章

导引

——非惩罚性教育第四重修炼

教育最重要的，不是教训，不是惩罚，而是导引

很多父母都认为，要想教育好孩子，就要给予孩子一定的惩罚，让他记住教训。却不知道，教育不是教训，也不是惩罚，而是导引。

对于年龄较小的孩子来说，惩罚只会让他暂时地哭一会，往往孩子还没有哭够，就忘了为什么要哭，这样的惩罚根本不可能帮助到孩子。

一位年轻的妈妈在网上留言向我求助，起因是他三岁的儿子开始说谎了，而且即使被父母抓个正着，他也嘴硬不承认。

这位妈妈说了这么一件事情来讲述孩子撒谎的经过。

儿子很喜欢吃糖果。这位妈妈觉得，吃太多的糖果对牙齿不好，就规定睡前不准吃糖果。可是每天晚上，儿子都会从糖果罐里偷偷拿糖吃。

可更让这位妈妈觉得生气的是，每次她质问儿子是不是偷偷吃糖了，儿子总是不承认，即使在他的枕头下发现了糖纸，他也固执地说不是他吃的。

面对这样爱撒谎的儿子，这位妈妈除了打骂，根本不知道怎么办。可是打骂过后，孩子依然我行我素，丝毫不改。

听到这里，我一点也不觉得惊讶。对于孩子来说，偶然说谎是正常现象。这种时候，父母可以明确告诉孩子说谎是不对的，而不能用暴力手段应对。这位妈妈的做法，显然与正确的做法有悖。

我告诉这位妈妈："孩子才三岁，很难抵制住糖果的诱惑。你可以把糖果罐放在孩子找不到的地方，减少糖果对孩子的诱惑。

"当发现孩子撒谎以后，不要逼他承认错误。孩子虽小，已经开始渐渐要面子了，你越逼迫，孩子可能越不承认说谎。

"当然，如果孩子承认说了谎，就要及时表扬孩子，让孩子觉得说真话是件正确的事情，即使自己做错了，只要勇于承认，妈妈还是喜欢自己的。"

孩子的理解力差，对很多事情没有正确的认识，父母一味地责罚孩子而不让孩子明白其中的道理，或者没有办法让孩子知道如何正确改正，就没有教育孩子的权力。

※※※　※※※　※※※　※※※　※※※

所谓导引，其实很容易理解。就是父母要做好孩子的引导者，让孩子在父母的引导而非强迫下，自主地成长。

很多父母都发愁孩子不认真做作业的事情，桐桐也曾经做过类似的事情，或者说比这更糟，桐桐有一段时间喜欢抄别人的作业。

那段时间，我发现桐桐写作业的速度明显加快。回到家不一会儿，就告诉我们作业写完了，然后就出去玩了。

我觉得很奇怪，向老师打听了一下，老师说最近的作业不比之前少，而桐桐的作业写得很好，没有任何问题。

那一天，等到桐桐出去后，我悄悄来到她的房间，看到作业本还摊在桌子上，上面抄写着老师布置的习题，但是答案部分都空着。

我心里不禁纳闷：这孩子，明明只是把题目抄完了，怎么能说自己写完作业了呢？可老师怎么还说她作业做得很好呢？

我坐在书房里，把书房的门打开，这样就可以看到客厅的情况。大概过了半小时，我发现桐桐手里拿着一个作业本，神秘兮兮地进了她的房间。不一会儿，又悄悄地走了出去。

等我再一次去桐桐房间时，发现原本还空着的习题已经填满了答案，那一刻，我才敢确定心中的猜想：桐桐抄别人的作业了。

晚饭后，我故意提出要检查桐桐的作业，并随口问了几道作业本上的题目要她回答，桐桐犹豫半天，才说出了答案，令我高兴的是，她回答得都正确。

我故意装作不知情，问桐桐："怎么作业做错了，让你说答案你还说对了呢？"

桐桐很不好意思地低着头，而我故意视而不见，继续问她："爸爸真的感觉很奇怪，你能给爸爸解释一下吗？难道作业本上的答案是你蒙的？"

桐桐摇摇头，终于交代了她抄写小区同班同学作业的事实。我趁机肯定了桐桐的能力，告诉她自己做作业比抄袭好。桐桐则向我保证，以后绝不会抄别人的作业，一定自己完成。

在对孩子进行导引时，父母要抱着一颗宽容的心，看到孩子的需要，理解孩子的感受，同时用平等的态度对待孩子、引导孩子。

※※※　※※※　※※※　※※※　※※※

为了更好地让孩子相信并配合父母的导引，父母可以和孩子玩互换角色的游戏，让孩子试着体会一下父母的感受，而父母也能了解孩子的想法。

学弟萧天带着十二岁的儿子小志来我家做客。表面是做客，实际上是萧天想要让我帮助他儿子戒除网瘾。

我和萧天随意地聊着，很快就把话题扯到了教育孩子上。萧天说："你说小志一天到晚上网，我都不知道怎么说他好。"

坐在一边吃着水果的小志不服气了，放下手中的水果叉，反驳萧天："我哪里一天到晚上网了，不是就晚上上了一会儿网吗？而且，还是在我写完作业之后。"

看得出来，萧天和小志之间对于上网的问题，分歧很大。萧天认为儿子迷恋电脑，而小志则认为自己是正常使用网络。

于是，我说："听你们俩一说，我感觉好像都有理。这样吧，你们把平时在家中的场景演出来，让我看看到底是谁的错。不过，萧天来扮演儿子，小志来扮演爸爸。"

两人同意后，就在我的书房展开了场景再现。萧天假装玩着电脑，小志走过来质问道："又上网，又上网，跟你说过多少次了，上网多了容易近视，你怎么就不听呢？”

萧天脸上有点挂不住，但还是坚持说：“我只是想查点资料，你用不着用这种口气和我说话吧？我又不是犯人！”

两人只战了一个回合，就都沉默了。萧天先开口了：“原来我对儿子这么粗暴，真是不应该。”

小志也说道：“经常上网对眼睛不好，这我是知道的，可爸爸一提醒我，我就反驳他，我做的也不对。”

看着已经认识到错误的父子俩，我笑了。

在孩子体验过父母的生活后，父母可以趁机向孩子表达自己的感受，让孩子加深对父母的理解，明白父母引导自己的初衷。

※※※　※※※　※※※　※※※　※※※

惩罚孩子，治标不治本，虽然能让孩子暂时听话一段时间，却不能帮助孩子彻底认识到错误。与其如此，倒不如耐心导引孩子，让孩子自我改正。

在导引孩子时，父母要注意自己的态度，和蔼可亲、平等地和孩子交流。当沟通有障碍时，可以试试角色互换，达到互相理解的目的。

在孩子行动前，导引他正确行动，而不是事后批评

我们常说，不要做事后诸葛亮，对孩子的教育也是如此。事前引导，让孩子了解正确行动的方法，比事后批评要有效得多。

想在行动之前给孩子引导，需要找到正确的时机。时机不对，就很容易引起孩子的反感，阻碍孩子自我探索。

桐桐在四岁的时候，成了一个小完美主义者：餐具上不能有指痕，书上不能有污点……开始用挑剔的眼光看我和妻子，对自己的服饰等也不满意。

我明白，桐桐是进入了审美敏感期，所有表现出来的这一切，是对美的一种探索。所以，我没有制止桐桐，而是在一旁引导她。

有一天吃饭时，我看到桐桐的指甲脏兮兮的，涂满了各种颜色。于是就问她："桐桐，你的指甲是怎么回事？"

桐桐得意地告诉我："我用水彩笔涂了指甲。爸爸，你看好看吗？"

我摇了摇头，对桐桐说："爸爸感觉有点脏兮兮的，没有你原来的指甲好看。而且，这样也不卫生，吃到肚子里对身体不好。"

看到桐桐有些神色黯淡，我继续说："爸爸觉得，桐桐干干净净的指甲是最好看的，可是桐桐好像不这样认为。这样吧，桐桐对什么感兴趣，爸爸陪你一起尝试。"

吃完饭后，桐桐提出要穿妻子的高跟鞋，我点点头。桐桐穿上了高跟鞋，有些不屑地说："穿上高跟鞋也不漂亮啊。"

接着桐桐又要用妻子的化妆品，我还是点头同意了，还让妻子在一旁指导桐桐化妆。桐桐在脸上抹上粉、涂上腮红、画上口红，然后对着镜子照了又照。显然，桐桐很喜欢镜子里的小怪物。

我帮桐桐拍了张照片，并且和桐桐之前没有化妆的照片放在一起对比，让桐桐自己对比。桐桐看完后，没说什么，主动把脸洗干净了。

一般来说，父母可以在孩子出现困惑、感到迷茫时，在孩子对某件事产生极大兴趣却了解肤浅、有限时，这时候提示，孩子会比较容易接受。

※※※　※※※　※※※　※※※　※※※

有些孩子从小要求独立的意识比较强烈，不太喜欢父母的指导，父母一定要注意，在导引孩子时，要选择正确的方式。

一天，我下班后回家，路过小区附近的一个公园时，看到一位妈妈在指导女儿画画。在女孩的画纸上，画着一朵娇艳的玫瑰。

看着女孩很认真地画着，我不禁驻足观看。可能是我的到来引起了那位妈妈的注意，她开始指导女儿如何画叶子。

看到女儿想用绿色画叶子，那位妈妈说道："你看看，那片叶子上有点发黄了，你应该先用绿色和黄色调色，然后画叶子。"

女孩不听，还反驳妈妈说："我先用绿色画，然后再在绿色上面涂上黄色，不也一样可以画出来黄色吗？"

妈妈劝她说："你要是那样画的话，就显得太生硬了，会像是两种颜色叠合在一起的。听妈妈的没错！"

女孩不听，任凭妈妈在那边唠叨，自己仍然按照自己的意思做。女孩先用绿色的水彩画好了叶子，然后在上面涂上了一层淡淡的黄色。

可能是女孩的绘画技巧还不成熟，画好以后，果然像妈妈说的那样，显得非常生硬，叶子说绿不绿，说黄不黄的。

妈妈很生气，用手轻轻敲了一下女儿的头："你看看，我说的没错吧，你应该先调色的。画下一个叶子时，你要按我说的做，否则你就不要画了。"

女孩听了也生气了，把手中的画笔往地上一扔："到底是我画画，还是你画画，为什么你一定要让我按照你说的画呢？我连这么一点自由都没有吗？不画就不画，有什么了不起！"

女孩一边说着，一边气冲冲地走了，丢下了收拾残局的妈妈。

看到这里，我不禁想：如果这个妈妈不是采用这么强硬的方式，女孩有可能会听从她的建议，这次写生也不会闹得不欢而散。

导引孩子，是说给孩子指导，行动的主体是孩子而非父母。父母在指导孩子的时候，要注意潜移默化，不能利用权威强迫孩子按自己的意思做。

※※※　※※※　※※※　※※※　※※※

导引的内容对孩子来说非常重要，如果父母指导的不是孩子想做的，这样的指导是没有任何意义的。

桐桐从小就喜欢玩芭比娃娃，在她还不会自己给自己穿衣服的时候，就已经喜欢上了给芭比娃娃穿衣服。

可是，由于年龄小，动手能力比较差，而芭比娃娃的裙子又太小，桐桐总是穿不好。如果妻子过去提醒她，或者帮她，桐桐就会生气。

后来，我想到一个办法，就是故意走到桐桐身边，假装自言自语道："看来裙子还真是不好穿啊。我记得看过一个小笑话，一个孩子在穿裙子的时候喜欢从上往下穿……"

桐桐听了我的话，受到了启发，很快就帮助芭比娃娃把裙子穿好了。当桐桐把穿好裙子的娃娃拿给我看时，我笑着夸奖她："桐桐真棒，都会给娃娃穿裙子了，我想桐桐自己穿裙子的时候，肯定更棒。"

我的话很快引起了桐桐穿衣服的兴致，她高兴地对我说："爸爸，我明天就要自己穿衣服。"

第二天，妻子正要帮桐桐穿衣服，我故意在桐桐面前说："昨天有个小女孩告诉我，她今天要自己穿衣服，那个小女孩是谁呢？"

桐桐突然想了起来，冲着我大叫："爸爸，是我，是我。"边说边从妻子手上拿过裙子，把后背上的拉链拉开，领口朝上，然后把两只脚伸到领口里，像提裤子一样，把裙子提了上来。

然后，桐桐再把手一只一只伸到袖子里，做完这些，桐桐问我："爸爸，我让妈妈帮我拉拉链，算是我自己穿的裙子吗？"

我点点头，桐桐高兴地笑了。

导引孩子时，要注意引起孩子的兴趣，也可以观察孩子有什么兴趣，针对孩子的兴趣进行巧妙地指导，才能达到导引的最好效果。

※※※ ※※※ ※※※ ※※※ ※※※

在事前导引孩子，而不是批评孩子，否则会打击孩子的自信，也容易伤害孩子探索的欲望，使孩子止步不前。

在指导孩子时，父母要注意掌握正确的时机、恰当的方式和合适的内容，三者掌握得好，才能达到指导的最佳效果。

出现错误，父母要把目光放在解决方法上，而不是错误本身

错误是孩子成长中不可缺少的一部分，孩子通过在错误中学习，才能成长起来。面对孩子的错误，父母要把目光放在改正错误的方法上，从而避免下次再犯同样的错误。

很多父母认为错误是成长的阻碍，一旦孩子犯错，就会非常严肃地对待，一遍又一遍地强调错误本身，而不是帮助孩子改正错误。

桐桐的同学小菲到我家玩，桐桐给她倒果汁时，不小心把果汁撒到衣服上。桐桐抬头看看我，看到我什么话都没说，回房间换了件衣服，把脏衣服泡在了水盆里。

小菲羡慕地对桐桐说："桐桐，你爸爸真好，你把衣服弄脏了，你爸爸居然一句话都不说。要是我爸，肯定要批评我的。"

我在一旁问道："你爸爸会为了一点小事批评你吗？"

小菲点点头："是啊，不仅会批评我，还会一遍一遍地说。就说昨天吧，我回到家后，顺手把书包扔在了沙发上，结果不小心砸到了茶几上的果盘，水果滚了一地，我爸就批评了我。

"晚上，吃饭的时候，我爸爸又说了我一次。今天早上，我出门前，爸爸又提了一遍这件事，我想，晚上回到家，他还会再批评我一顿。"

我点点头："你爸爸这样做真不对。你觉得，你爸爸的批评对你有用吗？"

"说实话，刚开始的时候，我还是很内疚的，觉得自己确实做得不好。可是，爸爸批评的次数多了，我就会觉得很不耐烦，感觉很讨厌。有时候我甚至想，等我长了，我一定要把爸爸妈妈不让我做的事情全部做一遍。"小菲略带无奈地说道。

我看了看这个和桐桐差不多大小的孩子，听着她稍带叛逆的话，心里想：如果小菲的爸爸知道自己一遍遍强调孩子的错误，引起孩子这么强烈的反感，他还会继续这样做吗？

父母一而再再而三地提及孩子的错误，虽然是为了避免孩子再犯，但却给孩子一种父母揪住错误不放、不谅解自己的感觉，容易产生厌烦和逆反心理。

※※※　※※※　※※※　※※※　※※※

没有谁会无缘无故地犯错，孩子犯错肯定是有原因的。帮助孩子改正错误的第一步，就是查明孩子犯错的原因，对症下药。

在连续三天看到小区晶晶妈买杯子以后，我实在忍不住好奇心，问道："最近家里来了很多客人吗？最近经常看到你买杯子。"

晶晶妈叹了口气："哪里是来什么客人？晶晶最近不知道怎么搞的，天天摔杯子。不仅把她自己的杯子摔了，还摔其他的杯子。给她换塑料杯，她还不愿意，非要玻璃杯不可。"

我笑着说："你们可以教教晶晶怎么拿杯子，这样，不就摔不坏了吗？总不能天天买杯子呀。"

晶晶妈点点头："是啊，我也是这么想的。可是，这孩子好像比其他孩子笨，我教了她一遍又一遍，还示范给她看，可她还是拿不住。"

我似乎明白了，晶晶并不是因为年龄小拿不住杯子，而是在故意把杯子摔破，她是在故意犯错，可能是为了引起父母的关注，也可能是出于其他的心理需要。

想到这里，我试探性地问道："晶晶是从什么时候开始摔杯子的？摔杯子之前，发生过什么事情吗？"

晶晶妈想了想，说："是从上周末开始的。我记得周六的时候，我弟弟带着孩子来家里玩，孩子摔破了杯子，吓得直哭，我们一大群人就围着哄他，为这事，晶晶还有点不高兴呢。"

我说："晶晶之前喝水不会摔杯子，她是发现杯子摔破以后能得到别人的关注，这才装作不小心把杯子打破的。你以后在她摔破杯子后故意视而不见，同时在其他方面关注她，相信她很快就不会再摔杯子了。"

犯错分有意犯错和无意犯错两种，在这两种意识的支配上，孩子即使犯了相同的错误，也不能用一样的教育方法，所以父母一定要提前查明孩子错误的真正原因。

※※※　※※※　※※※　※※※　※※※

帮助孩子改正错误、学会正确做事的方法有很多，其中一个非常重要的方法是给孩子展示正确的做法，让孩子有一个直观的认识。

桐桐很喜欢看书，随着学习越来越紧张，桐桐逛书店的次数越来越少。有时，她会给我几本书的书名，要我帮她买。

有一天，我正在网上下单买书，桐桐看见了，也很想学习一下，我就把电脑让给她，让她自由操作。

桐桐没有看清购买书本的数量，就匆匆下单了。下完单以后还兴奋地告诉我："爸爸，我在网上买了两本书！"

我查看了桐桐的购买记录，发现她买的不是两本，而是三本书，其中一本书她买了两册，导致多买了一本。

我知道，如果我直接指责桐桐："你怎么同一本书买了两次？"然后，再取消订单重新下单，一定会打击桐桐的积极性，桐桐下次可能都不愿意自己在网上买书了。

我故意对桐桐说："不错，爸爸正好也要再买一本书，你看看，你的下单步骤和爸爸的一样吗？你下单这么快，说不定你的方法更简单。"

于是，我一边操作着，一边自言自语："先查找书名，哦，找到了，选择购买册数，一册，然后点击购买，接着去购物车结算，核对一下信息，书名没错，购买数量没错，好了，结算。"

为了让桐桐意识到要注意购买数量，我还故意说道 ：“爸爸以前买书的时候，有时候鼠标不经意一动，就把购买册数变成了两本。所以现在养成了下完单就检查订单的情况，如果发现多定了，我就把订单取消，重新再定一次。”

后来，我故意离开书房一段时间。等我回来的时候，再查看桐桐的订单，发现已经改过来了。

如果父母只是动口不动手，一遍又一遍强调如何做，可孩子却不明白父母在说什么，这种教育肯定不行。给孩子示范，让孩子迅速改错。

※※※　※※※　※※※　※※※　※※※

孩子出现错误，父母重视错误本身还是如何改正错误，对孩子而言，会有很大的不同。揪住错误不放，会让孩子心生厌烦甚至逆反心理。

而如果父母查明犯错原因，给孩子进行积极地示范，能在不伤害孩子自尊心的基础上，帮助孩子改正错误。

孩子有自我修正的能力，父母可以帮孩子监督修正的方向

> 就像汽车一样，孩子的体内也有一个导航仪，这使得孩子具有自我修正的能力。所以，父母要静等孩子自我修正，必要时可以监督一下孩子修正的方向。

很多父母可能会发现，昨天孩子还总是做不对的事情、玩不好的玩具，今天就突然做对了、会玩了，其实，这是因为孩子有自我修正的能力。

桐桐刚上幼儿园时，我给她买了一副七巧板。那个时候，玩具不像现在这么多，这个七巧板很快成了桐桐的新宠。

每天晚饭后，桐桐总要玩一会儿七巧板才睡觉。有时，桐桐能拼出一只小动物，有时拼出的图案什么都不像。

一天，桐桐在幼儿园里学习了正方形。回到家后，桐桐就问我："爸爸，用七巧板能拼出正方形吗？"

我点点头："当然可以，爸爸当时刚买来七巧板时，就是一个正方形。"

得到我的肯定，桐桐立刻兴致高涨："那我要拼一个正方形。"

桐桐虽然知道正方形是什么样子，可真的拼起来，过程却不是那么顺利。桐桐不知道边与边相接的道理，以为把七个几何图形放在一起就能组成正方形。

果然，桐桐拼出来的是一个不规则图形，而且，各个几何图形之间还有很大的空隙，离正方形还差得远呢。

可桐桐一点也不气馁，继续玩弄着七巧板。半个小时过去了，桐桐摆出来的图形依然毫无规律，没有一点正方形的影子。

妻子看到桐桐在玩七巧板，也和我一样，兴致勃勃地在一旁观看，看到桐桐把本应该放在里面的小三角形放在外面作为正方形的一个边，就有些着急了。

妻子一边用手指着小三角形，一边对桐桐说："那个小三角形不能放在外边，你那样放不对……"我拦住了妻子，示意她让桐桐自己拼。

果然，到了第二天晚上，桐桐正确地拼出了正方形。

父母要信任孩子，同时给孩子时间让他自己修正，相信孩子一定会用进步回报父母的等待。否则，一味地纠正孩子，只能让孩子变得越来越被动。

※※※　※※※　※※※　※※※　※※※

孩子在进行自我修正时，因为体内能量过小，可能会需要很长时间。但父母一定要有耐心，要给孩子尝试的机会。

几年前，一位妈妈曾经就儿子过于活泼的问题向我咨询。几年后，这位妈妈又向我咨询如何能让儿子变得活泼主动。

我感觉很奇怪，直觉告诉我，在这个孩子身上，一定发生了什么事情。孩子变得被动，一定和父母的教育脱不开关系。

原来，由于这个孩子过于活泼，总是会不断犯错。每当孩子犯错或者思考缓慢时，妈妈就会立刻纠正他，或者直接告诉他正确做法。

让妈妈没有想到的是，她一次又一次地纠正孩子，严重地打击了孩子的自信心。不断被妈妈否定的孩子变得郁郁寡欢，不敢轻易做事。

时间一长，孩子身上原本具有的修正能力渐渐消失了，孩子渐渐觉得自己什么都不行，做什么都等待妈妈的指示，被动地学习和玩耍。

孩子太调皮，妈妈想要帮助他改正错误，这种心情可以理解。但在孩子什么事都想自己尝试、不想受到大人干扰的时候剥夺孩子尝试的机会，这对孩子是非常不公平的。

我告诉这位妈妈："给孩子尝试的机会，即使孩子做错了，也不是浪费时间。与努力相比，孩子的收获或许不大，但孩子却能不断从中得到锻炼。

“即使发现孩子做错了，父母也要让他学会自己发现错误和改正。孩子具有自我修正能力，父母没有耐心，发现一点错误就指出来，对这种能力的发展非常不利。

“我想给你提个建议，以后孩子再出现什么错误，不要急于指出来，可以用提醒、引导的方式，让孩子看到自己的错误并改正。”

给孩子尝试的机会，这样孩子才有可能进行自我修正。如果孩子什么都做不了，就算他知道怎么做可能是对的，也意义不大。

※※※　※※※　※※※　※※※　※※※

孩子的内心虽然是向善向上的，但过程中难免会出现失误，所以需要父母的监督。这样，父母才能及时发现孩子偏离轨道，帮助孩子引入正轨。

周六，我正在家里休息，突然接到桐桐班同学王力妈妈的电话：“我儿子说今天中午桐桐请他们几个班干部在饭店吃饭，这事你知道吗？”

我一愣，随即回答道：“我昨天回家晚，没有听说，桐桐妈妈可能知道，我问过以后再打给你吧。”

得知妻子也不知道这事，我等到桐桐下午回到家，就问她：“你是不是请你们班几个班干部吃饭了？”

桐桐吃了一惊，然后故作大方地回答：“是啊，我当选了班长，为了让班干部配合我的工作，就请他们吃饭了。”

“想要让其他班干部配合你的工作，就要请他们吃饭吗？我原本还以为你有能力让班上的同学信服呢。”我一边说着，一边故作失望地看着桐桐。

在与我眼神相碰的一霎那，桐桐的脸突然红了，低着头不说话。

我继续说：“桐桐，爸爸知道你长大了，也开始重视交际了。可是，利用请客吃饭这种方式获得别人的支持与喜欢，爸爸觉得不太合适，你说呢？”

桐桐没有说话，只是轻轻地点点头。

我笑了，告诉桐桐：“爸爸只是负责监督你，偶尔给你提个醒，怎么做还要看你自己的，不过，爸爸相信，桐桐以后在面对类似问题时，会处理好的。”

听我这么说，桐桐松了一口气，郑重地点了点头。

监督不仅仅是在一旁看着孩子，还要发现孩子的变化和以后的倾向。当然，监督必须要悄悄地进行，可以给孩子一点点提示，但不是代替孩子思考，阻碍孩子的自我修正。

※※※　※※※　※※※　※※※　※※※

孩子自身有自我修正能力，在犯错后，除非不知道自己犯错，否则内心多多少少一定会有一些不安，也会想着改变自己的错误行为。

所以，父母要相信孩子，给孩子机会让他尝试，让他犯错，让他通过自己的修正能力不断进步。

导引不是说教，不是代替，而是让孩子自己去体验

导引，是指指导方向，引发孩子自己成长。导引不同于说教，也不是让父母代替孩子去做，而是鼓励孩子自己去体验，从体验中获得正确的认识经验。

很多父母错误地以为，自己是孩子人生中的方向灯。每当孩子犯了错，或行为出现了偏差，父母就会不停地说教。

桐桐放学回家后，对我说："爸爸，我们班张焕上着上着体育课，突然晕倒了，被送进了医院。"

我有些惊讶地问："怎么回事？没出什么事吧？"

桐桐说："没事，听老师说，已经退烧了。不过爸爸，张焕她妈妈也真够狠心的呢，张焕都发烧了，还要坚持让她来上学。"

"哦？怎么回事？"我继续问道。

桐桐就像个小记者，一板一眼地说："我听其他同学说，张焕早上到学校的时候，就一直说头疼。大家劝她回家休息，她说不行，妈妈怕她耽误功课，一定要让她来上学。

"张焕都告诉她妈妈自己发烧了，可她妈妈就是不听，还批评她不懂得坚持。张焕说她本来也想休息一天看一下病，可她妈妈不停地说教，张焕都被她妈妈说哭了呢。"

我不禁叹了口气："张焕真可怜，她妈妈也太不心疼孩子了。"

"就是，还是我幸福。"桐桐一边说着，一边往我身上蹭。

我很同情张焕，如果她妈妈在听到她说头疼、发烧之类的话后，能够了解一下她的病情，安慰安慰她，张焕也不会在上体育课的时候晕倒。

父母总是喜欢说教，认为说教能够让孩子产生正确的认识，可单纯的说教并不能满足孩子，孩子在无知的情况下，还是会尝试错误的做法。

※※※ ※※※ ※※※ ※※※ ※※※

导引的目的是为了让孩子能够独立地做事，有些父母不是指导孩子做事，而是直接代替孩子做，剥夺孩子自我成长的机会。

一天傍晚，我看到阳台上晒的衣服干了，就对桐桐说："桐桐，以前都是妈妈收衣服、叠衣服，这次你来收、你来叠怎么样？"

桐桐非常高兴地答应了，一蹦一跳地朝阳台跑去。

吃晚饭时，我看到桐桐情绪有些低落，就问她："桐桐，怎么了？是不是爸爸让你叠衣服累到你了呀？"

听我这么一问，桐桐立刻委屈地对我说："不是，爸爸，妈妈不让我叠……"

妻子解释说："我不是不让你叠，而是你叠的太慢了，要是照你那样叠下去，到睡觉之前你也叠不完。"

说完，妻子给我讲述了桐桐收衣服、叠衣服的情景。

桐桐先从衣架上取下一件衣服，然后慢慢地把衣服叠好，叠好之后，桐桐就把衣服送回房间，然后再接着去取第二件衣服。

妻子看到桐桐一遍遍地往阳台上跑，感觉很奇怪，跟过来看了才发现这一幕。于是，妻子一下子把所有衣服都取了下来，然后抱到房间，迅速把所有衣服都叠好了。

我对桐桐说："桐桐，妈妈也是想帮助你，你原谅妈妈好吗？下次收衣服，爸爸一定不让妈妈插手。"

晚上，我对妻子说："今天桐桐非常听话地收衣服，虽然她的速度很慢，但在饭前肯定是可以做完的。下次遇到这样的事情，你可以指导桐桐怎么做更快，就不要代替她做了。”

父母直接替孩子做事，会剥夺孩子尝试的权利和成功的喜悦。这样做看似帮助孩子少走弯路，实际上却会导致孩子以后走更多的弯路。

※※※　※※※　※※※　※※※　※※※

对于导引，有一点至关重要，就是父母一定要让孩子亲自去体验。孩子亲自体验过了，才能了解父母的导引是否值得相信。

在一次家长交流会上，一位妈妈提出自己的观点：从孩子小时起，就要给孩子正确的指导，这样孩子就能避免走弯路，能比其他孩子更优秀。

这个观点引发了大家的讨论。有些人赞同这位妈妈的话，有些人则持怀疑态度，而我则认为，导引对孩子来说很重要，但一定要让孩子亲自体验，即使是弯路，也要让孩子自己走一走。

显然，那位妈妈并不赞同我的观点，直到我讲了桐桐乱吃东西的事情。

桐桐小时候好奇心特别重，总是对周围的事物充满了好奇。每当看到自己没有见过的事物，桐桐就会小嘴轻轻咬一口，尝尝味道。

比如，桐桐看见了橡皮玩具，会咬一口；看到脏兮兮的瓶盖，也会拿到嘴边舔舔；甚至对于妻子新买的鞋子，桐桐也不放过。

这让妻子很头疼。每次看到桐桐咬东西，妻子都会轻轻地打桐桐的手和嘴。可让妻子意外的是，桐桐长到六岁大，仍然喜欢尝试。

一次，妻子用白菜包着肉馅，想要蒸着吃。桐桐看着很感兴趣，趁妻子不注意，伸手就要拿着吃。

妻子看到了，立刻夺了下来：“这个不能吃，里面的肉是生的，吃了会拉肚子的。你还想再打针吗？”妻子威胁桐桐说。

桐桐摇摇头。我劝道：“让她吃吧，她吃了以后才能知道生肉不能吃。再说了，不好吃她会吐出来的。”

果然，桐桐咬了一口后，刚刚嚼了一下，就感觉不对劲，皱了皱眉头，把生白菜和生肉馅吐了出来。

最后，我说：“如果一直拦着桐桐，只是告诉她生肉不能吃，却不让她体验，她恐怕一直会想找机会尝尝生肉的味道。”

给孩子体验的机会，其实失败了，孩子也能从中得到经验教训。而且，从不断地体验中，孩子才能不断完善自己。

※※※　※※※　※※※　※※※　※※※

如果说说孩子，孩子就能正确做事；父母代替孩子体验，就能让孩子成长。我想，中国的孩子肯定能成为世界上最优秀的孩子。

然而，导引孩子并不是如此。导引需要孩子自己去体验，有了体验后，孩子才能获得完整的人生，获得属于自己的生活。

避免负面引导，不要对孩子下消极、否定性预言

亲子交流中，最忌讳的就是父母轻易地去否定孩子，孩子需要的是尊重、理解，多引导他和你进行深入的沟通，会让他看到你的“深度”，从而产生敬佩之情。

有个朋友，人很好，但是她太要强的个性，让她和父母、弟弟的关系非常不好。因为她太看重表面了，有些过于虚荣，久而久之令她丈夫忍无可忍，要和她离婚。

原来，她从小在农村长大，还有个比她小一岁的弟弟。从小父母就偏爱弟弟，认定弟弟比她有出息。每次她只要犯一点错误。母亲就会说她：“就你，将来能出息到哪儿去？”

有一次，她因为生病，功课落下了。那次期末考试，她的成绩落后弟弟好几个名次，有一门功课还没有及格。

母亲知道后，就说她：“还说我袒护你弟弟，看你这样的成绩，我都不知道说什么好。”

她不服气地说：“我要不是生病，哪里会考这么少。我以前不是有好几门都考优吗？”

母亲说：“就你那脑子，永远都不会考优了。”

母亲的话让她心里很委屈、很不服气。她发誓一定要争口气给父母看看，让他们知道她行，要把弟弟比下去。后来她上的大学果然比弟弟还好。

可是，因为弟弟的专业好，她的工作却没有弟弟的好。为了超过弟弟，她婚后不要孩子，继续考研。

当她用大量时间精力去证明给父母看时，丈夫看不下去了，说她再这么争下去，就和她离婚。

父母一定要记住，不管在什么情况下，你都不应该对孩子讲“没出息”这样的话，因为这等于否定了他做事的能力，是对他的一种极大的不尊重。可能会给他带来一生的伤害。

※※※　※※※　※※※　※※※　※※※

有位从事新闻工作的朋友，在和我谈起他的第一篇作文时，说道：“我小时候数学很棒，语文成绩很差，有时连造句都造不好。所以，我第一次写作文时，没一点信心。”

他第一次写作文，写完后自己都没有勇气从头到尾地看一遍。就在他面对着那篇语句不通的作文发呆时，母亲来了。

母亲看着他放在桌上的作文本，惊喜地说：“你太厉害了，第一次写作文，就写了两页啊。是你写的吗？”

母亲的话，让他的内心得到一点点安慰。但他还是很灰心，他想：“要是妈妈看到那些文字，一定会骂我的。”

母亲问：“我可以看看你第一次写的作文吗？”

他战战兢兢地点点头，当母亲看时，他把头埋得很低很低。

母亲看完后，说道：“写得很朴实。”

没想到母亲会夸他，他问：“妈妈，你真的觉得我写得好？”

母亲点点头，说道：“是呀，第一次就写成这样，确实很难得啊。让我更受启发的是，看了你的作文，我真得改改自己的毛病了。”

他忍不住问：“你有什么毛病？”

母亲说道：“你写的是《我的妈妈》，里面提到一件事，说有一次我没有弄清楚情况就惩罚你，我这么做太不对了。以后，妈妈会改的。”

他没有想到，自己这么一篇像是白开水的作文，让母亲这么一分析，竟然变得这么好。他渐渐地有了信心。对作文也有了兴趣。

不久，当他把第二篇作文给妈妈看时，这篇作文已经有了很大的进步。

孩子未来的人生道路还很漫长，父母有意无意的评论，都会在他心里起到举足轻重的作用。多鼓励他，会激起他无穷的力量。

※※※　※※※　※※※　※※※　※※※

几年前，有个网名叫“差生”的男孩在网上向我讲起他的母亲。

他母亲对他要求很严，只要他犯一点错误，母亲就会骂他。在学习上，更是严之又严，让他每科不能低于 98 分。若是他考少了，更是所有难听的话都讲得出来。

有一次，他的数学只考了 80 分。离母亲要求的 98 分差太远了。母亲得知他考这么少后，气得骂了他好几天。

最伤他心的是，母亲骂人的话：“我看你一点用都没有，照这么下去，你将来也就这样了，唉，我怎么能养出来你这么个废物呢？”

他说：“从那以后，妈妈这些话像是影子一样追着我，让我挥之不去。渐渐地，我再也没有了学习的热情，成绩也急剧下降，不管我怎么努力，就是上不去。”

父母一气之下对孩子说的否定的话，足以构成对他一生的伤害，因为它截断了孩子对自己将来的希望和美好的憧憬。一个人一旦失去信心，做什么事情就没有了动力。

※※※　※※※　※※※　※※※　※※※

亲子交流中，最忌讳的就是父母轻易地来否定孩子，孩子需要的是尊重、理解，多引导他和你进行深入的沟通，会让他看到你的“深度”，从而产生敬佩之情。

在孩子成长的道路上，需要来自父母的肯定和赞扬。你要以积极的心态来对待他，即使是批评，也要讲得入情入理，让他心服口服，在乐观中成长的孩子，心态是健康、阳光的。

点燃孩子心中的希望之光，和孩子一起憧憬美好未来

即使不明白“未来”两个字的孩子，也会对未来有一个憧憬。父母要善于在孩子对自己的憧憬中发现孩子的理想，鼓励孩子积极执行自己的目标。

由于生活经验的丰富性，对孩子的未来，父母可能比孩子自己看得更清楚一些。但孩子的一些不着边际的未来憧憬并非不可靠，父母要善于鼓励孩子，因为没有什么不可能。

我一直不敢给桐桐看《哈利·波特》，我怕那里一些黑暗的法术会吓着孩子，因为在这么小的年龄，正是开始对黑暗产生恐惧的时候。

我这样计划着，有人却在破坏着。那天晚上，桐桐说什么都不睡觉，一定要我和妈妈都陪在身边才好。还说，一个都不能少。

妻子问桐桐为什么非要这样做，桐桐说：“晚上有黑魔法师行动，必须阴阳协调才能躲过黑魔法师的魔手。”

我和妻子一愣，就问她为什么这样说。桐桐振振有词地说：“《哈利·波特》这样说的。”

妻子看过哈利·波特，她说那里根本就没有这样的说法。再说了，我们两个谁都没叫她看书，更没叫她看电影和DVD啥的，她怎么知道呢？

桐桐告诉我们，是嘉嘉给她讲的。她说嘉嘉讲故事可好听了，一边讲，还一边用身边的东西做道具，经常把桐桐吓得尖叫不已。

看来是盗版故事吓着了桐桐。我和妻子交换了个眼神，被桐桐看见了。她很不高兴地说："你们又计谋啥呢？别给我耍心眼啊！"

我连忙说："我是想要跟桐桐探讨一下黑魔法师的事情。"

"爸爸，爸爸，我将来长大了要做绿魔法师，就是春天的使者，要把阳光和希望带给世界，我要阻止黑魔法师的破坏行动。"

妻子说："哪有什么绿魔法师，那都是骗人的玩意。没人能做得了魔法师，你也别去想做什么魔法师了，快睡觉吧。"

这本是一句很正常的话，但桐桐听了，却大哭起来，一边哭一边推妈妈走开，说："你就是黑魔法师，不然你不会阻止我。"

妻子哭笑不得，我打圆场说："桐桐，你要真想做绿魔法师，打败黑魔法师。首先不应该害怕黑暗，你得能在黑暗中自如睡觉，这样，你将来才能打败他。"

桐桐听了这话，才安心地躺下，睡了。

幼小的孩子很容易把故事里的虚幻角色当成真实的，并会把自己也带进故事角色中，憧憬未来自己也能成为正义之神，或者美丽的天使。虽是虚幻，但父母应能肯定孩子的想法。

※※※　※※※　※※※　※※※　※※※

我和同学王晓玲只见过一次，就是开学那天，她还没有来得及认识其他学生，就被迫转学走了。但不久以后，我在我们区的一张《语文报》上，看到了她的名字。

王晓玲发表了一篇文章，题目叫《谁说我不能做作家》。文章的内容这样写道：

我曾经受过很深的伤害，想起那件事，我就感到非常恐惧，但更让我恐惧的，是周围人看我的眼神，是悲悯，是疑惑，是好奇。

我把自己埋藏起来，不和任何人说话。遇到痛苦，我就会和自己的日记本说说话。久而久之，我的作文水平得到了提高。语文老师经常夸赞我，这让我渐渐找回了自信。

在明媚的春光里，在夏天昏昏欲睡的午后，我都会做一种美梦，我要当一名作家，我要写出我心里的痛苦。

我太高兴了，不由自主地把这话说给了爸爸听。谁知，他说："爸爸不指望别的，你也不用给自己那么大的压力，你只要健健康康，爸爸看着就高兴。"

我知道，爸爸是心疼我。我受伤害，他比我还难受。他大概是不希望我给自己太大的压力，但是这句话却让我很受伤。难道我真的没有资格做作家吗？就因为我心里有阴影？

……

当孩子对未来产生憧憬的时候，不要害怕给孩子压力，而不去鼓励孩子。不管多脆弱的孩子，只要父母能鼓励他，支持他，他对他的憧憬大多都能负起执行责任。

※※※ ※※※ ※※※ ※※※ ※※※

有意思的是，在同一张《语文报》上，还有我后来的同学张晓丽的一篇文章，她的文章标题和王晓玲的文章是相同的，都叫《谁说我不能做作家》。

张晓丽的文章和王晓玲的文章风格完全不同。王晓玲第一句话给人的感觉就很压抑，整篇文章给人的感觉就是一种自我复苏。而张晓丽的文章却完全是喜剧篇。她写道：

我是个疯丫头，整天给自己插上各种颜色的翅膀，在天空中飞来飞去！

别相信这话，这话是假的，因为实际上我是一个很沉闷的人，因为我有一个很沉闷的爹。

我是个大才女，能写出童话小说、散文、杂文、诗歌，历史上有的题材，我都能做！

别相信这话，这话是假的，因为实际上我根本不敢把文章给别人看，因为我爹说："当什么作家，别痴心妄想了。"

谁说我不能做作家，我就想要把这假话当成真话。

如果父母不看好孩子的未来，那么孩子会消极，但也会反抗。有韧劲的孩子可能真的会成功，但他和父母的关系都会在一段时间内频频亮红灯。

※※※　※※※　※※※　※※※　※※※

在孩子的眼里，未来总是美好的。无论是不切实际的虚幻，还是目标明确的理想，孩子对未来的憧憬，都是积极的。父母要给予孩子肯定，不能一味打击诋毁孩子，让孩子失去信心，同时也对父母充满意见。

因材施教，顺应孩子的天性来引导、教育

为人之母，在任何时候都应该根据孩子的天性因材施教，看他对什么感兴趣，根据孩子的喜好进行引导，并提供相应的条件，多鼓励表扬，说不定孩子在喜好方面还能做出一番成就呢。

桐桐很小的时候，如果正在哭泣，一听到音乐，就会停止。若是正在做别的事情，音乐声一响，她也会扭头面向声源，仔细聆听，有时候，听着音乐还晃动着身子。

随着桐桐慢慢长大，学会了站立、走路。听到音乐声，她还会随之起舞。

我发现女儿天生对节奏敏感，有跳舞、学音乐的天赋，在孩子三岁的时，我就问她想不想学跳舞，桐桐立即回答“想”。

于是，我就试着给桐桐报了一个舞蹈班，想看看她是不是真的能跳舞。

还别说，桐桐刚上一周，舞蹈老师就夸赞桐桐对节奏把握得很准，而且动作做得也特别到位，而桐桐也对此感兴趣。她虽然小，舞蹈水平一直在班里名列前茅。

见桐桐舞蹈成绩出色，我就让她学，到现在一直都没有中断过。虽然其间因为种种原因，桐桐练习舞蹈有些松懈，没有开始学习时那么用心，但最终，她还是坚持认真地学了下去。

现在，舞蹈成了桐桐的一项特长，而且多次参加少儿舞蹈比赛获奖。

桐桐的理想是当个舞蹈家，我也希望她实现这个愿望，只要女儿想学，我会一直供养她学下去。直到有一天，女儿说放弃为止。

孩子有跳舞方面的天赋，而且愿意学习，对舞蹈又感兴趣，你对孩子因材施教，那么孩子的成绩就一定能够出色，而且他也会感到愉快。

其他方面也是如此，孩子爱好才去引导，他如果不喜欢，说什么都不要一意孤行地给孩子报班，或者强行让孩子学习别的东西。

※※※　※※※　※※※　※※※　※※※

妻子见我给桐桐报舞蹈兴趣班，女儿的成绩那么好。她觉得英语十分重要，还认为小孩子接受能力强，学习外语快，担心孩子年龄大了之后，受本国语言的影响，学习英语困难。

于是，妻子想当然地给桐桐报了英语兴趣班。

这件事，孩子并不知道。等到妻子带着桐桐到了学校，才告诉女儿给她报了英语兴趣班，桐桐十分不满，不愿意进教室，小声哭着说："妈妈，我真不喜欢学习英语啊！"见妈妈还坚持让自己进教室，桐桐就放声大哭。

无奈之下，妻子哄女儿说："妈妈已经把钱交上了，你不去学习也要不回来了。这样，你先学几天试试，如果不感兴趣，妈妈就不再强逼了，好吗？"

桐桐只好答应了，但她完全是应付妈妈，在课堂上不仅不用心听讲，而且还时常捣乱，一周下来，五个英语字母的读音都没学会。

妻子看到这样的结果，又听英语老师讲桐桐上课时影响别人听课，再加上桐桐哭着不愿再进学校等情况，她只好放弃。

孩子上兴趣班，是她自己的事情，孩子喜欢才能给她报名，对于还没有正式入学的儿童，如果她没有兴趣，就更不能强逼。

否则，妈妈从自身作为出发点，认为孩子该学什么，或者看到别的孩子有什么技艺，就自作主张地给他报名，如果孩子没有这个爱好，学不出成绩不说，还会因此失去童年应有的快乐。

※※※　※※※　※※※　※※※　※※※

有一次，我到一所初中办讲座，听说那个学校有一个孩子，名叫李超，写的文章十分精彩，有许多篇文章被转载，而且现在正在写长篇小说呢。办完讲座之后，我想见一下这个孩子。

正当我询问身边的老师哪个是李超时，一个亭亭玉立的女孩走了过来，身后还跟着一个中年妇女。

她接过话说："成老师，我就是李超。"我观察着眼前眉清目秀的女孩，见到她真的很激动。

之所以想见这个孩子，我主要是想知道她今天文章写得这么好，她的妈妈是如何教育的。见李超的母亲也跟着，我急忙上前去打招呼。

然后，我单刀直入地问她心中的疑问。

"孩子小时候喜欢听故事，我就天天给她讲，寓言童话、四大名著等等，后来，孩子认识字之后，我又给她买回好多书，让她阅读，孩子开始看，后来竟然有要写的冲动，我就鼓励孩子写，慢慢地，她就有文章发表了。"

听她这话，我明白了才女原来是妈妈因材施教的结果。

李超听妈妈说完，在一旁点头称是。然后，她向我请教一些写作方面的技巧。我把自己所知道的，挑拣重点给她们母女讲了一下，希望李超今后在写作方面提高得更快，将来能有更大的发展。

※※※　※※※　※※※　※※※　※※※

孩子优秀，要靠你的教育。顺应孩子的兴趣教导，孩子才能学得更好！

为人之母，在任何时候都应该根据孩子的天性因材施教，看他对什么感兴趣，根据孩子的喜好进行引导，并提供相应的条件，多鼓励表扬，说不定孩子在喜好方面还能做出一番成就呢。

第七章 示范
——非惩罚性教育第五重修炼

模仿是孩子最主要的学习方式，榜样示范比惩罚更有效

孩子天生具有很强的模仿能力。很多时候，有些父母用尽任何手段都无法让孩子改变，有些父母却利用榜样作用，让孩子在不知不觉中进步。

模仿是孩子学习的一种重要方式，这和孩子缺少生活经验和独立性有关。对于亲近的父母，孩子更愿意模仿，这比惩罚孩子要有效得多。

桐桐学说话那会儿，闹出了不少的小笑话。

一次，我们正在吃饭，桐桐突然对妻子说：“妈妈，我要喝菜，我要喝菜。”我和妻子丝毫没有准备，忍不住笑了起来。

笑过之后，妻子对桐桐说：“桐桐，不是‘喝’菜，是‘吃’菜。”可桐桐就是不听，继续说着：“我要喝菜，我要喝菜。”

看到妻子还想纠正桐桐，我在妻子耳边轻轻说了几句，劝住了。

我仔细想了想，我们家没有人教过桐桐“喝菜”这个词，只是最近桐桐身体不太好，妻子就经常煮粥、煲汤给桐桐喝，“喝菜”这个说法恐怕是桐桐自创的。

如果我和妻子义正词严地纠正桐桐：“桐桐，不是‘喝’菜，是‘吃’菜。菜是固体的，怎么能喝呢？”桐桐有可能会感觉不好意思。

于是，我和妻子经过一番商量，决定给桐桐做个好的示范。每次吃饭的时候，我们总会不断地提醒对方和桐桐“吃菜”。

由于孩子的模仿能力比较强，我丝毫不担心不刻意纠正桐桐会一直使用错误的词汇。我相信，经过几天的耳濡目染，桐桐一定会学会使用“吃菜”这个词汇。

果然，第一天的时候，桐桐说“喝菜”两个字就不是那么自然了。到了第二天，桐桐开始小声地说出“吃菜”这个词。到了第三天，桐桐又开始冲着妻子理直气壮地喊，只是，这次喊的是：“妈妈，我要吃菜，我要吃菜。”

孩子出现错误，最好的教育方式不是惩罚而是示范，示范能够把正确的一面展示给孩子，让孩子通过模仿正确言行改变自己的不足。

※※※　※※※　※※※　※※※　※※※

榜样示范的作用如此巨大，父母就要注意自己的言行，从生活细节方面入手，给孩子做出好的榜样。

很多教过桐桐的老师都夸奖桐桐，说她不但成绩名列前茅，也积极参加各种文体活动，做事非常认真，人缘极好。

虽然老师是夸奖桐桐的，我也觉得非常高兴。同时，也非常庆幸我和妻子不断提高自身素质，给桐桐做出了好的榜样。

一直以来，我就对工作非常认真。我觉得，我的工作不仅是养家糊口的工具，也是实现我人生价值的途径，所以工作起来格外用心。

有一次，因为当天工作太多急着完成，我就把工作带回了家。晚饭后，我没有像平常一样和桐桐聊天，而是走进书房开始工作。

桐桐有点不高兴地走进书房，对正在工作的我说：“爸爸，你再陪我玩一会儿吧。”

我告诉她：“桐桐，爸爸今天工作太多了，要花很长时间才能做完。今天不能陪你玩了，明天和你玩好吗？”

桐桐不解地说：“你随便做做不就行了，看不出来的。有时，我认真写作业会得优，可偶尔写得不认真了，老师还是会给我得优啊。”

我严肃地告诉桐桐：“别人或许看不出来，但有没有认真做，我们自己心里最清楚，爸爸不想做个自欺欺人的人，桐桐也要保持认真的做事和学习态度才行。”

看着继续工作的我，桐桐乖乖地走出了书房。

用身教影响孩子，给孩子做出正确的示范，比一遍遍说教要有效得多。

※※※ ※※※ ※※※ ※※※ ※※※

生活中，可以作为孩子榜样的人很多，父母可以帮助孩子选择一些比较优秀的同龄孩子作为孩子的榜样，促进孩子进步。

桐桐小时候小毛病很多，尤其是不爱整理房间。一次，妻子向我抱怨时，我告诉她，让她放心，我会让桐桐爱上整理房间的。

一天，我外出路过桐桐学校，就顺便接桐桐放学。在学校门口等待时，和桐桐班班长李琳的妈妈聊了起来。

我知道，李琳是桐桐的竞争对手，上次竞选，桐桐以两票之差败给了李琳。在桐桐心里，一直对李琳挺不服气的。

于是，我故意问李琳妈妈孩子整理房间的问题，李琳妈妈告诉我，李琳特别爱干净，不用大人提醒，就能把房间整理得干净又整齐。

看到桐桐出来了，我故意用桐桐能听见的声音和李琳妈妈说：“你家李琳真是个好孩子，能把房间整理得这么好，以后，我家桐桐肯定也能像你家李琳一样。”

一路上，桐桐都不和我说，快走到家门口时，桐桐问我：“爸爸，李琳真的很好吗？我也能整理好房间的。”

我知道，我肯定刺激到了桐桐的上进心。于是，我说：“李琳在整理房间的问题上，确实做得比你好。不过爸爸相信，如果你认真整理，肯定比她整理得好。”

当天晚上，桐桐做完作业后，就开始收拾房间。而且，还把妻子叫了进去，征求妻子的建议，重新摆放原本杂乱的物品。

第二天起床后，桐桐把房间床铺整理好以后，特意把我叫到房间：“爸爸，你看我的房间整理得好吗？”

我不禁称赞道：“桐桐整理得真好，希望明天、后天、大后天，桐桐的房间可以一直这么整齐。我下次见到李琳妈妈，一定要告诉她。”

从那以后，桐桐总是能够认真整理房间，妻子再也不用向我抱怨了。

榜样会激发孩子的上进心，让孩子不断主动地学习。当然，在为孩子寻找榜样时，注意维护孩子的自尊心，千万不能用榜样打击孩子。

※※※　※※※　※※※　※※※　※※※

孩子的模仿能力强，所以对于孩子来说，榜样和示范的教育方式很有效。这就要求父母不断提高自身的修养，让自己成为孩子的榜样。同时，父母也可以挖掘周围的优秀人物，帮助孩子树立榜样。

欲正人，先正己，每一位父母都必须严格要求自己

对孩子来说，父母的影响是最为深刻的。我们常说“欲正人，先正己”，在教育孩子时也是一样，父母一定要严格要求自己。

身教胜于言教，想要给孩子良好的示范，父母就应该严格要求自己，不断提高自身的素质，才能给孩子带来积极的影响。

我们小区定期召开家长交流会。在交流会，我经常听见一位妈妈讲述四岁的儿子波波总是闯祸、喜欢说谎的问题。虽然大家给波波妈提了不少建议，但似乎总没有效果。

一次，我在小区遇见波波妈，看到她带着一个四岁左右的小男孩。我猜他应该就是波波，于是蹲下身来问道：“你就是波波吗？”

没想到，那个男孩却说：“我不是波波。”还没等我反应过来，波波妈就打了小男孩的头：“这孩子怎么睁着眼睛说瞎话呢？你不是波波，那你叫什么？”

虽说知道波波喜欢说谎，可我没有想到，他居然连这么简单的问题也要撒谎。于是，我继续问他：“你为什么说自己不是波波呢？”

波波振振有词：“我又不知道你是谁，万一我告诉你我是波波，你打我怎么办？”看来这孩子还真是经常闯祸，得罪了不少人。

看到没什么话说，我随口问道：“这个周末你还去参加交流会吗？”

波波妈想了一下说：“这周末我没有时间，恐怕就不能去了，我要带波波去游乐园，这孩子总是缠着我带他出去玩。”

我点点头，波波却突然兴奋起来：“妈妈。你真的带我去游乐园玩吗？你不是说周末要和阿姨去逛街，没时间陪我吗？”

听到这话，波波妈的脸突然红了：“你这孩子，又开始说谎了！带你玩，肯定会带你去玩的！”波波妈一边说着，一边尴尬地向我告别。

在这一刻，我突然明白了，波波说谎是跟妈妈学的。如果波波妈不改变自己的这个习惯，就算我们给她提出的建议很好，恐怕也不会有什么效果。

孩子是父母的一面镜子，父母要时刻注意自己的言行，因为这会对孩子产生极为重要的影响。为了更好地教育孩子，父母需要不断反省、提高自己。

※※※　※※※　※※※　※※※　※※※

有些父母认为，既然严格要求自己是为了给孩子带来好的影响，那就在孩子面前严格要求自己，孩子不在的时候就对自己放松警惕。

一次，朋友老张向我抱怨，说他儿子张策最近突然不爱学习了，老师说他在课堂上经常走神。老张和妻子说了他两句，他居然顶嘴，还说什么父母都没有做好，就不要说他。

我也觉得很奇怪，张策上初二，学习成绩一直不错，而且非常懂事。每次看到张策，我都羡慕老张养了这么一个好儿子。

周末，张策来我家玩。我问他：“张策，叔叔有个问题一直想不明白，你爸爸说你突然不爱学习了，是怎么回事啊？”

平时开朗活泼的张策，突然沉默了，什么话也不说，低着头。

我赶快解释说：“叔叔先声明，我绝对不是你爸爸的说客。叔叔只是有点担心你，想知道你是不是遇到了什么困难。”

听我这么说，张策突然问我：“叔叔，你觉得我爸爸是个什么样的人？是个严于律已的人吗？”

我仔细想了一下，点点头：“是啊，在叔叔眼中，你爸爸确实是那样的人啊。”

张策有些失望地说："我原本也这么认为。爸爸一直教育我要好好学习，不要玩物丧志。可是，上上周，我因为有事回了一趟家，却发现爸爸在家和一群人打麻将，后来，邻居告诉我，家里经常传来麻将声，我感觉被爸爸骗了。"

我明白张策的心情。他一直以爸爸为傲，像爸爸那样严格要求自己，却没有想到，爸爸只是做表面功夫，所以张策感觉很失望，便用不认真学习表示对爸爸的不满。

我对张策说："或许你爸爸是把打麻将作为一种休闲手段，但他瞒着你确实不对。要不要叔叔和你爸爸说说，让你们好好谈谈，解开这个心结？"

在征得张策的同意后，我把这事告诉了老张。后来，不知道老张和张策是怎么谈的，但张策后来又恢复了以往的状态，这个结果还是挺好的。

孩子有自己的判断标准，父母一会儿严于律己，一会儿松松散散，只会在孩子心中留下不好的印象，还可能让孩子学会只做表面工作。

※※※　※※※　※※※　※※※　※※※

父母是普通人，身上有一些不足也是很正常的，但再普通的父母也能培养出优秀的孩子。这就需要父母不断改进自身的不足，并让孩子看到自己的努力。

在我们小区废品站，有一对姓赵的夫妇常年在那里收废品。一次，我经过废品站，看到赵师傅正坐在一个凳子上看书。

我不禁笑了："赵师傅，看的什么书啊，这么认真？"

赵师傅不好意思地笑了："是我儿子的课外书，他说名著太厚不容易理解。我就和儿子约定，如果我能看懂这本书，儿子也要坚持把这本书看完。"

我不禁竖起大拇指："赵师傅，你教育儿子真是用心呢。"

赵师傅略带愧疚地说："我和老婆文化水平都太低，没办法辅导儿子功课。好在还识字，要是这点事情都不为儿子做，真是太对不起儿子了。"

我笑着说："你做得很好，很多文化水平高的父母都不如你呢。他们只知道督促孩子学习，却不知道给孩子做一个好榜样。"

听到我的夸奖，赵师傅憨厚地笑笑，又继续看书了。

看着一脸认真的赵师傅，我突然想：父母即使本身文化水平比较低，但只要能够努力提高自己，那种努力的精神也能激励孩子不断进步。

有些父母认为，自己自身素质不强，恐怕不能给孩子做出好的表率。其实，这种担心完全不必，父母不一定要比孩子强，可以用自身努力向上的精神感染孩子。

※※※　※※※　※※※　※※※　※※※

严格要求孩子，就要时时刻刻严格要求自己，这样不仅对自身的成长有利，而且也能给孩子正面的影响。

父母不必是超人，父母也不可能成为一点缺点都没有的完人。即使带着缺点，却能一直努力，也能给孩子树立好的榜样。

不要滔滔不绝地说教，说教比惩罚更让孩子难以接受

说教相比于惩罚，看似更加温柔些。但实际上，滔滔不绝的说教虽然不会伤害孩子的身体，却是对孩子精神的摧残，比惩罚更让孩子难以接受。

中国父母都喜欢说教，但说教实际上是一种无效的教育方式。父母不停地说教会让孩子感到反感，左耳进右耳出。

每年夏天，晚饭后，小区的爸爸妈妈们总喜欢带着孩子到小区广场乘凉。孩子们有的拿着自己的各种玩具，有的搬着自己的小凳子，三五成群一起玩，特别热闹。

一次，我在广场乘凉，一个三岁多的小女孩引起了我的注意。那个女孩扎着两个小辫子，眼睛大大的，真有点桐桐小时候的影子。

小女孩在凳子上坐了一会儿，就开始坐不住了，把脚踩在凳子上玩起来。小女孩的妈妈正在和别人说话，回头看见小女孩踩着凳子，就对她说："宝宝，凳子不是用来踩的，把脚放下去。"

小女孩听话地把脚放了下去。过了一会儿，小女孩发现妈妈没有看自己，就又把脚踩了上去。妈妈看见了，又对她说："宝宝，把脚放下去。"

小女孩刚把一只脚放了下去，就看到妈妈又和别人说话了，就又把脚放了上去。妈妈转过头来，看见小女孩的举动，顿时火了。

妈妈粗鲁地把小女孩的脚从凳子上扯了下来，然后冲着她大吼：“你这孩子怎么回事？妈妈说了多少遍了？不要把脚放在凳子上，把凳子踩脏了还怎么坐啊？”

小女孩一言不发，妈妈有些不高兴了：“我跟你说话呢？你听见没有？”

小女孩抬起头来，不高兴地回答妈妈：“听见了。”

妈妈放下心来，继续和身边的人聊天，女孩老老实实坐了一分钟，又把脚放在了凳子上……

我看到这一幕，心里想：看来，小女孩今天和妈妈的“战争”是不会停息了。妈妈说得没错，可却没有一点效果，小女孩依旧踩着凳子。

对于孩子来说，父母的说教无关痛痒。即使孩子在父母的权威下，勉强服从说教，但实际上，孩子的内心也会充满不满，对父母说教的内容很排斥，并不能从根本上解决问题。

※※※　※※※　※※※　※※※　※※※

说教的次数多了，引起孩子反感还是小问题。很多父母都发现，自己越说，孩子越难管。自己说东，孩子就偏偏往西。

那天，妻子的朋友周芬来我家玩，当时我正在交代桐桐一些事情。看到我们父女俩一个说，一个点头答应的样子，周芬羡慕极了。

桐桐走后，周芬对我说：“真是羡慕你啊，有桐桐这么好个孩子，你说什么她都听，不像我儿子，我说什么都不听，还偏偏和我对着干。

“我儿子啊，别看比桐桐小得多，问题却一大堆，整天调皮捣蛋，让我烦得不行。孩子这么小，打也不能打，我就只能骂他两句。

“开始的时候，我就给儿子讲道理，告诉他我为什么不让他这么做，不准他那么做。你别说，还真是挺管用的。

“可慢慢地，儿子就不听了。我一遍又一遍地对他讲道理，说好话哄着他，可他就是不听。有时候说急了，他还冲着我大吼。

“上次，他用老公的设计图折飞机，被我说了一顿。结果，昨天他趁我和老公不注意，直接把老公的设计图扔到了垃圾桶里。

“看到儿子这么调皮，我真是一点办法都没有。打他吧，还真是舍不得；

不打吧，又没有任何效果，你说，这样的孩子我要怎么教才好？”

一谈到儿子，周芬就滔滔不绝。我和妻子谁都没有打岔，直到她说完，妻子才对我说：“老公，你帮周芬出个主意吧。”

我想了想，对周芬说：“你天天对孩子说相同的话，第一次孩子或许会听，时间长了，孩子就会当成耳边风了，这个是正常的。

“其实，除了打骂，说教也能给孩子的心理造成压力，说教是一种软暴力，有时候比打骂造成的伤害更深。”

周芬听了我的话，点了点头。

说教容易引起孩子的反抗，与其把时间花在说教上，还不如认真研究教育方法，学习适合孩子的教育方法更好。

※※※　※※※　※※※　※※※　※※※

孩子由于年龄小，对一些事情很难有正确的认识，而妈妈总是说教，让孩子觉得难以接受。其实，除了说教，父母可以用简单的说理让孩子信服。

桐桐上四年级后，变得特别爱美，经常让妻子给她买漂亮的扎头花、裙子、鞋子等。我觉得爱美是女孩的天性，也就没有太在意。

后来，妻子告诉我，她在桐桐房间里发现了一些化妆品，而那段时间，桐桐学习也不是那么认真了。

晚上，我正考虑如何和桐桐说这件事，就听见妻子在给桐桐讲大道理，告诉她小学生应该把精力放在学习上等等。直觉告诉我，妻子的说教肯定没用。

第二天吃早餐时，我对桐桐说：“桐桐，爸爸觉得爱美很正常，重视外表也没有什么不对，你不要因为妈妈的话有太多的心理压力。”

桐桐看了我一眼，笑嘻嘻地说：“还是爸爸圣明。”

我接着说：“其实，爸爸是上初中的时候开始注意外表的。那时候，爸爸用捡废品卖的钱买了一瓶发乳，天天把头发抹得铮亮铮亮的，班上的男同学都羡慕爸爸呢。”

桐桐点头表示赞同：“就是就是，我们班女生也说我的衣服好看，都愿意和我玩呢，我也觉得很高兴。”

我继续说："可是后来，爸爸光顾着捡废品卖钱买发乳，没注意学习，结果考试考得很差，班里的同学都不和我玩了，我才发现成绩不好注意外表也没用。"

桐桐听了我的话，若有所思。

后来，桐桐依旧让妻子给她买漂亮的裙子，但每天也非常认真地学习，这让我和妻子都很满意。

对孩子的一些不当行为，父母一味说教通常起不到作用。父母可以试着体会孩子的心情，用一种孩子能够理解和接受的方式说理，教育才能有效。

※※※　※※※　※※※　※※※　※※※

滔滔不绝地说教，容易引起孩子的反感和逆反。与其等到说教无效后再进行弥补，不如在一开始就说到孩子心里去。

孩子不是不讲道理，而是父母的说教没有办法说服孩子。父母可以学习一些说服技巧，用简单明了的说理来代替说教，会取得更好的效果。

孩子做错事，父母不批评，要示范给孩子看

孩子做错事，很多父母第一反应是狠狠批评孩子一顿，让孩子长记性。其实，在孩子犯错后立刻给孩子做出正确示范，对孩子改正错误更有效。

孩子在做错事后，一般都会产生愧疚心理，想要做些事情弥补自己的错误。此时，父母可以示范给孩子看，让孩子知道如何改错。

一次，我要带桐桐去书店，准备妥当后，就在门口等在房间里穿外套的桐桐。等了半天，也不见桐桐出来。

于是，我大声喊道 ：“桐桐，干嘛呢？怎么还没有好呢？”

桐桐听到我的喊声，跑了出来，脸羞得通红。外套上的扣子刚刚扣好了一个，显然，这么半天桐桐都没有穿好外套。

我故意开玩笑说 ：“桐桐，你今天好慢啊，都成了慢悠悠的小乌龟了。这么半天，你在房间里干什么了？”

桐桐没说话，继续低着头扣扣子。

我看到桐桐先用手把扣眼撑大，然后使劲把扣子往里塞。可是，扣子太大，扣眼太小，平着放进去肯定很困难。

结果，桐桐试了几次，都失败了。

我这才明白，原来桐桐今天速度慢，是因为她不会扣扣子，所以耽误了时间。

我解开衣服上的扣子，走近桐桐，然后对她说："桐桐，你看看爸爸，扣子是要这样扣的。先将扣子从扣眼后面侧着插进来，然后从衣服的正面把扣子取出来就行了。"我一边说着，一边演示着，慢慢把几个解开的扣子全部扣上。

扣完扣子，我问桐桐："看明白了吗？还要爸爸再做一遍给你看吗？"

看到桐桐没有反应，我又把扣子解开，然后再慢慢地把扣子一个一个扣上。

等我扣完扣子，桐桐也开始扣扣子。她按照我说的，先把扣子从扣眼后面侧着插进来，然后从衣服的正面把扣子取出来，只一次，桐桐就成功了。

我竖起大拇指表扬桐桐："桐桐真棒，一次就成功了。"在我的鼓励下，桐桐把剩下的几个扣子扣好，高高兴兴和我出门了。

很多时候，孩子做错事是因为不知道正确的方法。父母把正确的方法示范给孩子看，孩子学会了，自然不会再错了。

※※※　※※※　※※※　※※※　※※※

示范有一个规则，就是一定要及时，最好是在现场示范。因为，此时孩子最有改正的意识，在这种意识的驱使下，孩子会格外认真。

朋友蓝田是个很宽容的人，女儿美美在她宽松的教育下，显得非常自由，也非常没大没小，对蓝田也是直呼其名。

蓝田原本还一直沾沾自喜，说自己对女儿的阻碍少，相信女儿的内在发展肯定比其他孩子好，她很庆幸自己给了女儿一个自由的童年。

可是，美美上了一年级后，蓝田发现她还是那么没大没小，对家人直呼其名不说，路上见到熟人也不打招呼。

这可把蓝田愁坏了。原本她是想让女儿按照天性发展，这种粗鲁、不懂礼貌的行为绝对不是她想看到的。

一次，蓝田和美美走在路上，迎面走来了美美学校的校长，美美想都没想，就直接用手指着校长叫道："张老头！"

校长没说什么，笑着和美美打招呼。走在校长旁边的几个孩子开始叽叽喳喳："真没礼貌。""当面叫人家老头。""就是，这种人真讨厌。"……

美美听到了议论声，脸一下子红了。原来，在家里美美也是称呼爷爷为"老头"的，她不明白为什么大家要批评她。

蓝田笑着和校长打招呼："校长好！"然后用手捅了捅美美背后。美美这才反应过来，学着妈妈的样子说了一句"校长好！"

回到家以后，蓝田趁机对美美说："美美，你已经长大了，这么大的孩子还直接称呼别人老头或者直呼其名，会让人觉得你不懂礼貌。"

以后，每次带着美美外出遇到熟人，蓝田总是会给美美做个示范，引导美美学会与别人打招呼。

孩子小时，可塑性很强，父母当场给孩子做示范，能够让孩子印象深刻，也能让孩子立刻改正。

※※※　※※※　※※※　※※※　※※※

示范的作用是为了做给孩子看，让孩子学会正确的方法，所以，在给孩子做示范时，要让孩子参与其中。

有一次，桐桐的幼儿园开放半天，要我们这些做家长的陪孩子一起上课，观察一下孩子的学习情况，同时给幼儿园提一些建议。

老师宣布自由活动时，除了一个叫诺诺的小男孩，其他小朋友都跑出教室，高兴地玩耍着。

我注意到，诺诺在妈妈劝说了半天后，才勉强从教室里走出来。但也只是看着其他小朋友玩耍，沉默不语。

看到我注意到了他们，诺诺妈叹了口气说："这孩子太认生，总是不敢和其他小朋友玩，真愁人。"

我笑了笑，靠近她小声说："你不要陪在孩子身边，去和其他小朋友一起玩，一边玩一边告诉诺诺很好玩，同时，让其他小朋友招呼他一起玩。"

诺诺妈有些疑惑地看着我，但还是按照我说的，向一群正在玩沙子的孩子走去。

诺诺妈礼貌地问小朋友："我可以和你们一起玩吗？"小朋友们表示欢迎，诺诺妈就向其他小朋友借了工具，假装很有趣。

诺诺看到妈妈玩沙子，感觉有些好奇，就不由自主地走向妈妈。诺诺妈一边玩沙子，一边对诺诺说："诺诺，很好玩呢，你来玩吧。"

这时候，诺诺妈周围的小朋友也非常配合，大声对诺诺说："你来玩吧。"其中，还有一个小女孩跑去拉诺诺的手，把他拉到了沙堆旁。

看着诺诺开始玩沙子，诺诺妈高兴极了，回头看了看我，给了我一个感谢的微笑。

给孩子示范，必须让孩子试着模仿，如果只是父母做得兴高采烈，而孩子却无动无衷，这样的示范不要也罢。

※※※　※※※　※※※　※※※　※※※

孩子有强大的模仿能力，在做错事后，如果父母能够给孩子做出正确的示范，孩子就会试着模仿父母的行为。

当教育出现问题时，父母要先扪心自问，问问自己是否给了孩子良好的示范。如果没有，就尽快行动起来。

孩子的眼睛是雪亮的，不一致的示范会让孩子混乱

示范的作用是强大的，可不一致的示范不仅无法达到相应的教育目的，还容易让孩子思维混乱，影响孩子的判断能力。

很多父母总是埋怨说，孩子不长记性，已经告诉孩子怎么办并做给孩子看了，孩子还是会一而再再而三地犯错。

因为有时会为问题少年做咨询，我认识了少管所的老李。有一次，老李向我诉苦："成老师，你说我该怎么办呢？我儿子再不管，就要成问题少年了！"

我很惊讶，老李是少管所出了名的好人。那些问题少年在老李面前，个个都非常听话，老李怎么会连自己的儿子都管不住呢？

据老李说，儿子最近经常为了一点小事和别人打架，虽然老李每次都劝儿子用和平的手段解决矛盾，可儿子就是不听。

于是，我和老李约好，以讨论事情为借口去了他家，老李则故意在我到他家之前外出，留出时间让我和他儿子相处。

到了老李家，就像计划的那样，老李果然不在家。怕我闷，老李儿子特地留在客厅陪我聊天，我忍不住夸奖他："真是个懂事的孩子。"

没想到，在听到我的夸奖后，老李那个头已经一米七的儿子居然脸红了，高兴地笑了。

后来，我们随意聊到了老李。老李儿子告诉我 ：“别看我爸爸在少管所这么受欢迎，在家里我和妈妈都不喜欢他。”

我随即问道 ：“为什么啊？”

老李儿子说 ：“我爸在少管所每天都笑呵呵的，那些孩子即使给他找了麻烦，他也总是笑呵呵地给他们讲道理。可是在家里，我爸虽然说不能打架，却经常动手打我。”

听到这话，我明白了，儿子打架问题出在老李身上。

后来，我把这件事告诉了老李，老李答应我会好好反省，并和儿子好好谈谈。

父母说的与做的不一样，或者在人前示范的和在人后做的不一样，都会让孩子对父母的教育产生怀疑，教育效果也不会好。

※※※　※※※　※※※　※※※　※※※

教育是需要父母双方共同进行的。在教育孩子时，如果父亲做的和母亲做的不一致，带给孩子不同的示范，就容易让孩子思维混乱，影响孩子辨别是非的能力。

最近，学弟小丁告诉了我这么一件事。

自从儿子丁硕上了初中后，学习任务越来越重，每天天不亮就起床，晚上天都黑了才回家。而且，每天晚上写作业要写到很晚。

看到丁硕这么辛苦，小丁有些心疼。有时候，小丁会告诉丁硕，要注意劳逸结合，不能为了取得好成绩就把身体弄垮了。

有时，小丁在家里看书或者工作累了，就会四处走动走动，摇摇头，甩甩胳膊，也顺便让眼睛休息一下。

这天，小丁发现自己已经站起身来走动两次了，丁硕还是一动不动地趴在桌子上写作业。这样长时间地学习，不仅效率低，对视力也不好。

于是，小丁对丁硕说 ：“丁硕，你也休息一下嘛，学习这么长时间了，不休息一下，眼睛怎么受得了？”

丁硕有些生气地说 ：“爸爸，你和妈妈是怎么回事？一个教育我要劳逸结合，一个又教育我刻苦读书，我到底要听谁的啊？”

小丁明白了，妻子肯定又对丁硕进行思想教育了。可是，此时当着丁硕的面批评妻子的教育肯定是不合适的。

于是，小丁就对丁硕说：“妈妈说得没错，学习是要刻苦努力，可爸爸说得也没有错啊，刻苦努力和劳逸结合并不矛盾，来，和爸爸扭动一下身子，放松一下。”

丁硕不太情愿地放下笔。小丁暗暗想，一定要找个时间和妻子讨论一下丁硕的学习问题，他们夫妻俩的教育观念一定要一致才行。

我听了小丁的话，对小丁竖起了大拇指，夸奖他做得对。

对孩子来说，父亲和母亲都是孩子效仿的榜样，如果父母的行为不一致，就容易让孩子不知所措。

※※※　※※※　※※※　※※※　※※※

在一些家庭中，由于父母的价值观、教育观等不同，很容易做出完全不同的示范。想要给孩子最好的示范，父亲和母亲需要多沟通，多向对方表达自己的教育观点。

在桐桐上了初中后，我发现我和妻子之间的教育观念相差越来越多，为了防止教育不一致的情况出现，我和妻子增加了沟通次数。

那一段时间，桐桐的作息突然变得不规律起来。每天晚上十一点之后，桐桐屋里的灯还亮着。妻子说了桐桐几次，桐桐也爱理不理。

我认为，桐桐出现问题，我和妻子肯定有责任。于是，我们俩坐在一起好好讨论，终于明白了问题所在。

原来，那一段时间，我由于工作忙，晚上总是在家里加班。由于睡得晚，第二天起得也很晚，有时桐桐已经上学了，我还在睡着。

虽然妻子依旧非常规律地作息，可桐桐并没有向妻子学习，反而学起我来了，也开始晚睡觉。

可由于怕迟到，桐桐每天都要早起，睡眠不足短时间没有什么问题，可一旦时间长了，肯定要影响桐桐的身体和学习。

于是，我和妻子商议，以后工作再忙，也绝不太晚休息。万一完不成工作，我就早起继续做。

有了这个约定后，我的作息时间开始变得规律起来。桐桐发觉了，有些奇怪地问我："爸爸，你最近工作不多吗？"

我笑着说："多啊，可是爸爸发现，晚上工作效率太低，而且睡得晚又会影响第二天的工作状态。所以，爸爸现在按时休息，第二天早起工作，身体好，工作效率也高。"

后来，我和妻子发现，桐桐果然又开始正常作息了。

父母要给孩子一致的示范。示范不一致，极有可能是双方有一方的观念出现了错误。及时沟通，能够有效制止错误，给孩子一致的示范。

※※※　※※※　※※※　※※※　※※※

父母给孩子做示范要保持一致。这个一致是指，父母在人前人后的示范要一致，父母双方的示范要一致。

当父母认为教育方法正确，孩子却出现了问题时，父母要学会反省自己，看看是不是给孩子的示范不一致。

看到正反行为，父母可以此为示范，对孩子进行教育

很多时候，父母因教育无效而对孩子失望时，孩子因为模仿其他孩子的正确行为，反而发生了可喜的变化。这点提醒父母可以利用正反例子对孩子进行示范教育。

孩子对于行为准确与否没有正确的认识，当他看到其他孩子按照某种规则做事时，就容易产生模仿心理，自主纠正自己的行为。

桐桐小的时候，特别可爱，我常常逗她玩，有时亲亲她的脸蛋，有时冲着她做鬼脸，乐得桐桐咯咯直笑。

当桐桐第一次会叫“爸爸”后，我特别高兴，对着桐桐的小脸蛋亲了又亲。桐桐好像生气了，想要咬我。我和妻子见状，乐了起来。这么小的孩子，居然也会攻击别人，真是可爱。

在桐桐上了幼儿园后，我去学校接她，幼儿园老师告诉我，桐桐想要玩小火车，一个小朋友没有给她，她就咬了那个孩子一口。

我暗暗有些吃惊。虽然桐桐那一口没有咬伤那个小朋友，但这种用咬人来表达自己的不满，强迫让别人信服的行为，实在不是什么明智之举。

桐桐还小，和她讲道理是没有用的。正在我思考如何教育桐桐时，一个机会恰好出现在我的面前。

那天，我送桐桐去幼儿园，看到两个先来的小朋友正在争一套积木。其中一个小朋友对另一个小朋友说："我昨天就想玩这个了。"另一个小朋友有点为难地说："可是我也想玩啊。"

两个小朋友就这么僵持着。突然，先说话的那个小朋友开口了："我们一起玩好不好？"另一个小朋友高兴地同意了。

看到这一幕，我对桐桐说："桐桐，如果下次你看见别的小朋友在玩你也想玩的玩具，要向这两个小朋友学习，好好和小朋友商量，千万不要咬人了。"

桐桐听了我的话，点点头，然后又问我："那我可以去玩积木吗？"我笑着点点头，看着桐桐走过去提出一起玩的请求，然后和那两个小朋友一起玩了起来。

所以，父母在看到其他孩子有了好行为后，可以引导孩子进行模仿，这样，父母不用花费唇舌教育，就能达到教育的目的。

※※※　※※※　※※※　※※※　※※※

是孩子，总会犯错，而且犯错的次数似乎比做对的多。父母没有看到其他孩子的正确行为也没有关系，利用其他孩子的错误，也一样可以教育自己的孩子。

周一吃早餐时，刚上幼儿园的桐桐突然对妻子说："妈妈，我今天能不去上学吗？"

"不能。"妻子一边收拾餐具，一边果断地拒绝了。并且还补充了一句，"快点吃，要不一会儿上学迟到了。"

看到桐桐失望的眼神，我问她："桐桐，你今天为什么不想去幼儿园啊？"

桐桐有些伤心地说："要是去了幼儿园，我就要把我的贴画给佳佳了，我不想给她。"

原来，上周五桐桐看见佳佳很喜欢她文具盒上的贴画，就和佳佳约好，要拿两张贴画送给佳佳。可现在桐桐觉得舍不得，想要反悔。

我知道，现在就算和桐桐讲好孩子要守信用，要说话算数，桐桐还是一样舍不得把贴画送给佳佳，心情也一样会很糟糕。

于是，我试着问桐桐："所以你才不想去上幼儿园。你是不是认为，这样就可以不给佳佳贴画了？”

桐桐点点头。

我继续说:“不能因为这件事就不上幼儿园的。这样吧,爸爸送你去上学,你在路上想想怎么和佳佳解释，好吗？”

桐桐无奈，只能勉强答应。

刚到幼儿园，就听见佳佳的哭声。原来，文文要走了佳佳的卡通橡皮，说周一送给佳佳一个漂亮的小本子,结果文文没有给,还不愿意还佳佳橡皮。

看到伤心的佳佳，桐桐也有些动摇了，我趁机教育桐桐 :“桐桐，你觉得文文这样做对吗？应该怎么做呢？”

桐桐摇摇头,没有说话。她来到佳佳身边,一边拿出贴画,一边安慰佳佳:“你别哭了，你看，我把贴画给你带来了，你看看多好看！”

佳佳听了，停止了哭泣。桐桐回头看了我一眼，笑了。

看到其他孩子的错误行为，父母可以引导孩子分析，让孩子思考“那个小朋友做得对不对”“为什么不对”等问题，引导孩子不犯类似错误。

※※※　※※※　※※※　※※※　※※※

利用其他孩子的行为教育自己的孩子，这种方法确实有一定的效果。但父母要注意的是，一定要把握一个度，不能过分强调别人的孩子，否则容易打击孩子的自信。

有一次，朋友王涛和我讲述他的苦恼 : 他很自卑。王涛是个非常优秀的编辑，从小到大学习成绩也非常优秀，怎么会有这么强的自卑心理呢？

王涛告诉我，小时候，他的父母一直拿别人家的孩子来激励他。王涛也很懂事，每次考试成绩都名列前茅。

在别人看来，王涛是个非常优秀的孩子，可他的父母却不这么认为。王涛在班上没有考第一时，父母就拿考第一的孩子激励他;王涛考了班级第一，父母又拿考年级第一的孩子激励他。

而且，由于怕王涛骄傲，父母很少夸奖他。所以在王涛心里，总有一个声音说 : 你永远比不过别人。

王涛的父母想要给他一个好的榜样，可却使王涛轻看了自己，开始怀疑自己，现在，王涛虽然已经开始工作了，可那种自卑的感觉却一直伴随着他。

王涛自嘲说："我最近在网上看了一篇帖子《茫茫宇宙中，有一种神奇的生物叫别人家孩子》，我特别有感触，感觉我活了近30年，一直生活在别人家孩子的阴影之下。"

我明白王涛的感受，可父母给他灌输的观念如此根深蒂固，除了陪他聊聊天，我根本无法给他丝毫帮助。

父母可以让其他孩子的行为成为自己孩子的示范，但示范只是示范，绝不是比较，盲目地比较会打击孩子的自信，这种影响会持续一生。

※※※　※※※　※※※　※※※　※※※

给孩子好的示范，除了父母，其他人也可以。看到好的行为、不好的行为，大人的行为、孩子的行为都可以成为孩子的示范或者教育孩子的反面教材。

只是，在利用这种示范作用时，父母一定要把握住度，一旦过度，就容易变成太高估别人，却打击了孩子。

你应该明白：孩子的进步速度跟犯错多少成正比

不要担心孩子会做错事，不要害怕孩子犯的错多，每一个错误，都可能促进孩子进步，错误越多，孩子成长得越快。

最近一段时间，常听妻子批评桐桐，不是说她把碗打碎了，就是埋怨女儿碍手碍脚，耽误了她做事。

我经过观察发现，桐桐看到妈妈做什么，总是喜欢上前帮忙。就拿今天吃饭时来说吧，她看粥、菜端上了桌，见桌上还没有碗，又看妈妈去了厨房，急忙跟在后面讲："妈妈，我来拿碗。"

"你老实坐到饭桌前，要不然，还会像上次那样，把碗给我打碎！"

"我知道怎么拿碗了，这回绝对不会再摔坏了。"桐桐固执地跟在妈妈身后说。

妻子无奈，只好让女儿拿碗。我注意到，桐桐两手张开，紧紧地捧着碗的两边，小心翼翼地把碗拿到了桌子上，然后笑着对我说："爸爸你看，我没有把碗打碎吧。"说完，还朝妈妈得意地挤了一下眼睛。

"做得真棒！"我及时夸赞女儿，她笑成了一朵花，那次饭吃得也特别香甜。

吃罢饭，妻子收拾碗筷，桐桐则挪动桌椅，接着又去扫地……

看着女儿有模有样地做着各种家务，我满心欢喜。晚上休息的时候，我对妻子说："女儿这些天怎么进步这么快，许多家务不用你吩咐，就主动去做，而且做得还很不错。"

妻子听了，撇了一下嘴说："你就只知道夸奖女儿，看不到她犯的错误，光这两三天，就摔坏了两个碗。"

"孩子刚学着做事，哪有不犯错的啊，错多，收获才更多。"我笑着说。妻子听了，也笑了，其实她在内心里，也支持女儿这样做。

※※※　※※※　※※※　※※※　※※※

孩子小时候，看父母做什么，喜欢上前凑热闹，学着做，此时是培养孩子做事的最佳机会，不要担心孩子会做错事，不要害怕孩子犯的错多，每一个错误，都可能促进孩子进步，错误越多，孩子成长得越快。

※※※　※※※　※※※　※※※　※※※

周末的一天，我带着桐桐到朋友陈明家去，他八岁的女儿小莲和桐桐很快打成了一片，两人一会玩这，一会玩那，不时传出哈哈的笑声，看样子玩得十分开心。

我和陈明则坐在沙发上聊天，很快就到了中午时间，我站起身想叫桐桐告辞。陈明一把拉住我说："你看两个孩子，玩得正起劲，别扫她们的兴，中午就在这里吃吧，还怕我管不起你一顿饭？"

听朋友这样说，又看两个孩子玩得那样痛快，我点头答应了。陈明的妻子有事不在家，我和他便到厨房忙活了起来。

过了一会，桐桐跑进了厨房，见我择菜，也拿起来择。小莲见桐桐来到厨房，随后也跟了进来。

正在这时候，陈明叫我说："老成，水开了，我腾不出手，你关一下火。"我正要起身，见小莲正在煤气灶旁边，就说："小莲，把火关了。"

"叔叔，我不会！"

"我会关。"桐桐听小莲这样说，立即站起身，走上前把火关掉了。

见此情景，我嘴里虽然没有说什么，但却为女儿会关火感到自豪，同时为小莲担忧。陈明看了女儿一眼，没有吭声，我注意到，他眼睛里有失落的神情。

※※※　※※※　※※※　※※※　※※※

吃过饭后，桐桐和小莲又玩了起来，陈明给我沏上茶，坐在我身边说："老成，你是怎么教育桐桐的，比我闺女小，却比她会的东西多。"

我笑笑说："桐桐这孩子，很小就闲不住，见大人做什么事，就上前帮忙，所以一些事情，看得多了，摸得熟了，也就会了。"

"孩子开始做的时候，不会犯错吗？"陈明问。

"当然会犯错了，不是把东西弄坏了，就是碰着了自己，再不然就会越帮越忙，需要我们重新再做一遍。"我笑着答。

"我和妻子，就是因为有一次小莲要自己削铅笔，结果伤到了手，以后，有什么事，我们便不让她再沾手了。小莲现在八岁，我看还不如五岁的桐桐能做的事多。"陈明低声说。

"我看出来了，要想让孩子有进步，就不能怕她犯错误。否则，你为了避免孩子犯错，什么事都代她去做，那么孩子永远什么都不会，对她的成长十分不利，无论是生存能力方面，还是心理健康方面，都会受到极大的影响。"我看着朋友，认真地劝说。

"唉，我以后是要改变教育孩子的方式了，不能再因为犯错而禁止她做事了。"

我赞同地点了点头。

※※※　※※※　※※※　※※※　※※※

同样是孩子，智力体能方面相差无几，有些孩子会做许多事，显得很有能力，而有些孩子，却可能遇到什么事都手足无措，不知道应该如何做。

之所以有这样的结果，主要原因在你身上。如果你时时处处鼓励孩子动手做事，那么，看表面孩子犯的错多，但他会的事也就更多，进步速度会更快。相反，如果你不让孩子做任何事，表面上他好像不会犯什么错，但也不会有什么进步，将来有可能还会犯更大的错。

第八章

内醒

——非惩罚性教育第六重修炼

父母的期待再高也不如让孩子对自己形成好的自我期待

父母的期望再高，也只是外力，无法对孩子起主导作用。只有让孩子对自我有期待，有自己的追求，孩子才会变得真正优秀起来。

爱子心切的父母，总是把一切希望寄托在孩子身上。父母的过高期望并不能让孩子变得主动，孩子只能被动地为了父母的期望而努力。

一次我乘公交车，在车上看到了令人深省的一幕。当时我就想：如今家长对孩子们的期望真是太高了，完全忽略了孩子的想法。

那天是周末，坐在我前面的小女孩对妈妈说："妈妈，我今天已经上了三个补习班了，感觉有点累，能不能不去上奥数啊？"

妈妈一听就火大了，声音也高起来："你这是什么话？不上课怎么行？你现在还小，难道不想上重点中学，不想考好大学吗？"

小女孩听了，低着头，小声说："上重点有什么用啊。"

声音虽小，但还是被妈妈听到了。一路上，妈妈都在喋喋不休地对小女孩说教，认真严肃的模样让我都感到压力很大。好像不按照妈妈的期望生活，就会迎来世界末日一样。

小女孩最后还是跟着妈妈下车去上课了。

可是我想，小女孩只是把上补习班当作一种义务，为了听妈妈的话，不辜负妈妈的期望。这种缺乏主观能动性的学习，效果会好吗？

很多父母都对孩子寄予厚望，为了孩子更有竞争力，很早就帮孩子规划好了人生。事实上，父母对孩子的期望再高，也不如让孩子形成良好的自我期待重要。

※※※　※※※　※※※　※※※　※※※

过高的期待会给孩子造成过大的压力，让孩子只能被动地努力。当压力超过孩子的承受能力时，孩子极有可能开始反抗。

有个在读初二的女孩给我写了封电子邮件。在邮件中，这个女孩提出想要离家出走。

女孩的父母对她期望很高，小学时，就把女孩送去了重点小学。女孩由于努力，加上一点聪明才智，很快就在重点小学里脱颖而出。

后来，女孩进入重点中学学习，在尖子生云集的学校，女孩不像小学时那么突出了，她的内心非常痛苦。

有一次，女孩考完试后，非常沮丧地回到家。一到家，妈妈就笑着问："考得怎么样？"女孩非常难过地说："考得不好。"妈妈没说什么，只是冷冷地点了点头。

女孩感觉很委屈，她很希望妈妈能安慰一下自己，可妈妈对她的态度却这么冷谈。女孩暗暗告诉自己，下次考试一定要考好。

很快又考试了，女孩虽然很努力地学习了，可由于整个年级的学生素质都比较高，女孩的排名还是不那么靠前。

爸爸看了她的成绩直摇头，妈妈也一遍遍地告诫她："你一定要好好学习，这样以后才能上重点高中，才能上清华北大。"

爸爸妈妈的态度让女孩感觉很难过，压力也越来越大。虽然知道学习很重要，可是一想到考试分数不高就会被训斥，女孩渐渐对考试产生了恐惧感。

渐渐地，女孩的考试成绩越来越不理想，她对自己失去了信心。而此刻，父母并没有安慰她，而是不断诉说他们的期待，给她施加压力，女孩很想离开家，逃离这种压力。

一旦父母的期待变成孩子的负担，就有可能给孩子造成极大的伤害。与其如此，还不如把精力放在培养孩子的自我期待上。

※※※　※※※　※※※　※※※　※※※

父母不要给孩子过高的期待，而是应该让孩子对自己形成自我期待，这样她就能化被动为主动，变得更加优秀。

妻子带着桐桐去参加青少年钢琴比赛了。我翻看着桐桐刚学弹钢琴时的照片，脸上有几百个不情愿，不禁笑出声来。

我想：在教育孩子时，有时真是挺奇怪的。我们对孩子期望越大，要求越高，他反而表现得不怎么样。但只要让他有了自我期待，效果可就大大不同了。

桐桐在很小的时候就开始学弹钢琴了。起初，每天晚上，妻子都会强迫她弹奏一小时，否则不能睡觉。周末，也会带着她去跟一个有名的老师学习。

每次出门前，桐桐总是磨蹭，就是不愿意去。最后，妻子总会发火，然后把桐桐硬带出去。用妻子的话说："每次让桐桐弹钢琴，就好像让她上断头台一样，非常痛苦。"

纵然妻子要求得很严格，但桐桐的钢琴水平还是很一般。

晚上睡觉前，妻子又开始说桐桐让她很头疼。我便安慰她说："现在你不要再每天逼迫桐桐了，她还小，你对她期望太大了，不符合现实。"

听我这么说，妻子明显不高兴了，她反过来指责我会把桐桐惯坏的。

后来，妻子没有再强迫桐桐。过了一段时间，桐桐从学校回来，忽然开始主动练琴了，妻子吓了一跳。

其实，这段时间我带着桐桐参加了好几场原关于钢琴的讲座，她知道了很多钢琴方面的知识，并且对一些钢琴大师非常崇拜。她暗自下定决心，一定要向那些名人学习，让音乐洗涤自己的灵魂，成为被大家喜欢的人。

桐桐练琴的状态，跟之前大大不同，非常积极，还一副很享受的样子。妻子给桐桐送水果，还假装挖苦地说她："早知今日何必当初，我之前让你练琴你抵死都不从。"

"以前是你逼着我练，现在是我喜欢，我要成为弹琴家，这怎么能一样？"桐桐说得理直气壮。

我在一边看着她们母女俩笑了。

父母若希望孩子好，就更要放下对孩子的过高期待，给孩子内心灌输好的自我期待，让孩子为了自己期待的目标努力。

※※※　※※※　※※※　※※※　※※※

父母对孩子有期待是很正常的现象，适当的压力能让孩子更好成长。但一旦期望过高，或对孩子更加严厉，这时候动力也会变为阻力。

聪明的父母懂得激发孩子的自主能动性，通过外界的适当刺激，让孩子主动追求，对自己有所期待。如此，孩子必然会抱着极大的热忱，投入到对自己的塑造中。

给孩子内醒的时间，不要着急按下快进键，否则无法再重来

孩子在成长过程中出了问题，通常是“内心”导致的。父母不要试图通过外力去改变孩子，而是去唤醒他的内心觉醒，如此，孩子才能更顺利地成长。

在教育孩子时，不要急于求成，而要给孩子自我觉醒的时间。父母的强迫是外在的，对孩子的进步并没有根本性的帮助。

之前有位十二岁男孩的妈妈来找我咨询，原因是她的儿子太粗心，而且屡教不改，这让她感觉很头疼。

这位妈妈说：“我儿子从小就粗心，从小学开始，我就一直督促他，可他的毛病就是改不掉，我真是非常着急。”

后来，我让这位妈妈在咨询室外等待，我和男孩聊了起来。他告诉了我这么一件事。

前不久，男孩参加了进入五年级的第一次考试。考试的前一晚，妈妈一遍又一遍地交代他：“做题的时候仔细一点，要清楚题目，不要急着写答案……”

男孩感觉很烦躁，就应付妈妈道：“我知道了。”

看到男孩心不在焉，妈妈很不放心，又重新念叨了一遍：“做题的时候仔细一点，要清楚题目，答案别急着写……”

男孩觉得，自己慢慢会注意的，粗心的毛病慢慢也能改掉。可是，妈妈总是一遍又一遍地提醒他，让他根本没有时间思考自己粗心的事情。

后来，我和这位妈妈又好好谈了谈。我告诉她，要让她给孩子自我觉醒的时间，让孩子自己认识到粗心的坏处，认识到如何改进。

父母如果不会等待，不给孩子思考的时间和机会，总是让孩子按照自己的想法去做，就不要期待孩子做得比父母要求的好。

※※※　※※※　※※※　※※※　※※※

很多时候，父母不会等待不说，还总是揠苗助长。这样一来，孩子看似进步了，实际上却造成了更加严重的问题。当父母察觉到这些问题时，想要补救已经晚了。

我的小学同学虎子，长得高高壮壮的，性格却非常内向。其实，与其说他性格内向，不如说是口吃在作怪。

虎子小时候开口比较晚，这把他的父母吓坏了。为了帮助虎子学说话，虎子妈总是在一旁提醒，没少下工夫。

听虎子说，他小时候就不爱说话，每次想要什么东西，都是用手指。因为只要他指了以后，虎子妈就会拿给他。

后来，虎子妈为了让虎子开口说话，就故意装作不知道虎子想要什么，让他开口说出来。于是，虎子开始结结巴巴地说话。

最开始，虎子妈听见虎子说话非常高兴，总是耐心地引导他，让他说出完整的句子。可时间一长，她就失去了耐心。

当虎子指着小汽车说“汽车……汽车……”时，虎子妈就问他：“你想要玩小汽车？”虎子点点头，虎子妈就会把汽车拿给他。

虎子妈总是催着虎子说话，却又不让他说完，这导致虎子越来越不喜欢说话。练习的次数少，加上原本语言发展就很迟钝，虎子就成了小结巴。

看到这种情况，虎子妈特别后悔，虽然后来想了很多办法帮助虎子纠正，虎子说起话来还是结结巴巴。

那时候的我不懂，现在我才明白，如果虎子妈当初能够一直耐心地训练虎子说话，虎子肯定不会是现在这个样子。

孩子的成长需要时间，给孩子内在觉醒的机会，孩子的各项能力才能够按照正常的程序发展。否则，因为急于让孩子进步而错过了敏感期，会让孩子抱憾终身。

※※※ ※※※ ※※※ ※※※ ※※※

再好的教育也比不上自我教育，给孩子内醒的时间，让孩子对自己展开教育，孩子才能获得更大的进步。

朋友李云的女儿小迪今年升入了初一。为了更好地帮助女儿学习，李云特意到我家向我取经。

"小迪已经上初一了，我对初中学习不是很了解，也不知道以后要怎么辅导孩子学习，所以想问问你。"李云一上来就开门见山地说。

"小迪对自己有什么期望吗？"我想知道，对于初中生活，小迪是否有自己的打算。

"这就是我担心的地方。小迪在小学时，一切都是由我安排的。进入初中后，学校的功课增多，我也不知道怎么辅导她，只是嘱咐她好好学习，结果小迪就变得精神紧张，不太愿意上学。"李云很担心地说。

"这个你不用担心，孩子升入初中，最开始有些不适应是正常的。你要先了解小迪的课程，给她一点指导。慢慢地再减少指导，给她自主的时间，让她学会适应。"

"现在学习时间这么紧张，孩子之间的竞争压力那么大，哪儿有时间让她慢慢适应啊？"李云作为妈妈，真是太着急了。

我说："欲速则不达，如果你不给小迪时间适应，让她自己慢慢自醒，那么她很可能会在你的压力下变得更加无所适从，到时候就很难补救了。"

"唉，不瞒你说，我心里一点谱都没有。只要一想到小迪没有办法正常学习，我就担心得不行。"

"小迪早晚要独立，让她学会自主学习是必然的。放心，只要这段时间你适当辅导小迪，让她找到正确的学习方法。她会变得比以前更加优秀，内力的作用可是很大的。"

大多数的成功人士都是靠内力成功的，他们有明确的方向，充足的动力，主动积极地不断进取，成功自然就是意料之中的事了。

※※※　※※※　※※※　※※※　※※※

孩子的塑造是久而久之形成的，不是父母用“快进键”定格的。给孩子足够的内醒时间，比一味地要求塑造要有效得多。

教育孩子有效的方法就是强化孩子的成长过程，不强硬地用外力要求孩子、督促孩子，而是引导他学会自我内醒，然后自觉改正。这种内醒的力量是超乎我们想象的，它足以让孩子变得非常优秀。

生命的外力是有限的，必须唤醒孩子无限强大的内力

俗话说："每个人身体里有两种力量。一种是肢体力量，一种是内在力量。"外在的力量是有限的，而人的内在力量却是无穷的。一个人是否能取得成功，关键看他的内力如何。

生命的外力再大，也有用尽或失去的一天。就算是大力士，也有举不起的东西。在教育孩子时，只靠外力是难以将孩子塑造好的。

在一次讲座上，很多家长都提到了这样的问题："我的孩子小时候学习成绩非常好，为什么越长大，成绩反而不好了呢？""我女儿一上补习班成绩就可以提高一些，只要不上了成绩一下子就滑下来了。"

出现这种现象的原因很简单：孩子的内在力量没被唤醒，仅仅依靠外力在学习。

为了让提出问题的家长对我说的话有个更直观的理解，我给他们讲了一件事。

刘芸是我同学李娜的女儿。刚上初一那一年，她的成绩在班上名列前茅，老师和同学都非常喜欢她。第二学期，她的学习成绩出现下滑趋势。等到了初二，她完全变成了一位成绩很普通的学生。原因是什么呢？是她不好好学习了吗？

其实不是的。在上初中之前，她在假期中补了很长时间的课，老师怎么教，她就怎么学。所以上了初一之后成绩比较好。

但后来课程越来越难，刘芸也没有再去补过课，成绩就下滑了。根本原因不是没有提前补课，而是她从来没有开发自己的内力，没有自主学习的观念，完全是以被动的姿态来学习的。

后来，李娜慢慢让女儿认识到，要依靠内力来学习，来思考。转变了观念之后，刘芸学习起来越来越得心应手，越来越感觉自主学习是非常必要的。

生命的外力是不可靠的，是有限的，仅仅依靠外力，必然会受到牵制，显得非常被动。然而，唤醒强大的内力就不一样了，能让孩子变得更加主动、更加强大。

※※※　※※※　※※※　※※※　※※※

唤醒孩子的内力，才能着眼于孩子的终身发展。让孩子在失去外力支持时，依然有能力去适应社会，很好地生活。

在桐桐的家长会上，很多家长在讨论教育心得。有位家长问我说：“桐桐不仅学习成绩好，其他方面也很优秀，你是不是花了很多心血在她的教育上？”

我笑着回答说：“其实，我觉得我是最省心的父亲，自从桐桐十岁之后，我就很少再刻意教育她。”

听了我这话，对方一副不敢置信的样子，但我说的是真的。

我很早以前就知道，孩子的内力比想象中要大。在教育桐桐时，我非常注意唤醒她的内力，只在一旁稍加指点，给她讲一些基本道理。或等她感到疑惑时，再细心给她解答。

孩子在成长过程中，好奇心强，此时对她的引导是非常重要的。孩子就如同一桶汽油，父母就是火柴，只要负责点燃，她就能燃烧自己的内力，这种能量是非常巨大的。

桐桐十岁之后，很多观念都已经建立，内在也朝着正确的方向发展。我相信，以后桐桐也会把自己的路走得更好。

“授人以鱼，不如授人以渔。”同样的道理，外力只是点醒孩子的手段，并非鞭策他发展的动力。只有让孩子拥有强大的内力，他才会在未来中走得更顺畅。

※※※　※※※　※※※　※※※　※※※

既然内力如此重要，父母就要帮助孩子唤醒内力。内力并不是什么神秘的东西，父母要注意观察，小心避免因为教育不当阻碍孩子的内力觉醒。

很多时候，孩子做不好一件事，不是因为他没有认真做，也不是因为他能力不足，而是因为他的内力受到了某种限制。

桐桐有段时间对英语口语很感兴趣，我就带她去上英语口语班的体验课。上完体验课后，我和桐桐正准备回家，突然被一对母子吸引了。

"你怎么这么笨啊？你看看别人都会了，你为什么就是不会。"男孩的妈妈似乎很生气，正在大声地训斥着男孩。

男孩低着头，不一会儿就开始哭了，妈妈就看着男孩哭，没说一句安慰的话。

我上前搭话，问清了事情的缘由。原来，口语班的老师让学生背诵一段对话，其他孩子都会被，这个男孩背了一个小时都没有背出来。

我听了，笑着蹲下来，温和地问他："你觉得背诵的时候什么东西让你觉得难呢？"

"我，我也不知道。"男孩吞吞吐吐地说。

我又向男孩的妈妈问了一些男孩在平时的表现，发现男孩非常被动，总是被动完成父母和老师布置的任务，用他妈妈的话说，"好像做什么都不用脑子"。

我想，可能是男孩的内力还没有觉醒，由于父母平时的教育或者其他方面的影响，导致孩子的内力觉醒受到了阻碍。

我告诉男孩的妈妈："我觉得是孩子的内力还没有觉醒，孩子只是在被动地吸收，而没有真正地学习。你平时最好多观察观察孩子，看看什么影响了他的内力觉醒。

"我不清楚是什么影响了孩子的内力觉醒，你可以多了解一些正确的教育观念，仔细分析教育孩子时出现的问题。这些问题，极有可能是导致孩子内心觉醒受到阻碍的因素。"

唤醒孩子内力觉醒的过程需要了解孩子的内心世界，父母要学会跟孩子融洽交谈，观察孩子的心理，才能照顾好孩子的内心生命，才能让他的内心变得更加强大。

※※※ ※※※ ※※※ ※※※ ※※※

孩子的一生是否成功、顺利、幸福，不是取决于生命的外力，而是由生命内力所决定的。外力对孩子的成长有促进作用，但它却是有限的。是不能让孩子变得持久强大的。

而内力不同，一旦唤醒它，对孩子的终身发展都有积极作用。一个内力强大的人，往往更容易成功。父母一定要及时了解孩子的内心，帮他唤醒强大的内力，从而更好地主宰自己的人生。

父母积极求索，学习教育知识，帮助孩子激活内力

虽然孩子天生拥有强大的内力，但需要外界激发，才能显示出它无限的能量。父母的教育方式直接决定了孩子内力的激活程度。因此，父母要扮演好自己的角色，努力帮助孩子。

孩子的身心发展具有一定的阶段性，而每个阶段都具有各自的特点，父母想要帮助孩子激活内力，有必要掌握孩子成长的规律。

由于职业原因，我在桐桐出生前，阅读了大量的教育书籍，但我觉得，只是做了这些还远远不够。

为了更加了解孩子的成长规律，我将市场上可以买到的优秀家庭教育书籍全都买了下来，也经常上一些外文网站，查找先进理念，认真研究。

同时，我还经常和一些业内的朋友交流自己的读书心得和对教育孩子的认识。通过交流，我对孩子的成长规律认识得更加深刻。

当然，我还与一些家长进行了交流，了解到在孩子的成长中可能出现的问题，并和其他家长在教育中验证自己的理念。

当桐桐出生后，我和妻子就按照科学的方式养育她。除了日常帮助桐桐调节饮食、合理安排作息等之外，我们还定期帮桐桐称体重、量身高，可以及时知道她的发育是否正常。

对于年幼的孩子来说，身体是至关重要的。孩子有了好的身体，有了好的体力，才有精神激活自己的内力。

而且，由于读了大量的书籍，对教育知识有一定的了解，明白孩子的成长规律。所以，在桐桐出现吃手、依赖安慰物、咬人、说谎等行为时，我能正确引导孩子。

任何事物都有其发展规律，孩子的成长也是如此。按照成长规律教育孩子，才不会误解了孩子，才不会影响孩子内在的觉醒与开发。

※※※　※※※　※※※　※※※　※※※

教育不能想当然，也不能随性而为，而要讲究一定的规律与方法。为了让教育更加有效，给孩子更多的帮助，父母需要多学习一些先进的教育理念。

现在问题孩子越来越多，很多原因都出现在父母身上。如果父母不懂得正确的教育理念，就容易“好心办坏事”，阻碍孩子的正常发展。

朋友杨飞一直很忙，妻子也是个十分重视事业的人，两人都没有太多时间教育儿子。而且，杨飞一直认为，放养孩子效果更好。

最初，儿子也用好的成绩回报了父母的信任。可孩子毕竟还小，很快就被其他有意思的事情吸引，学习成绩一落千丈不说，还染上了一身坏毛病。

杨飞这才意识到，自己的教育理念太过缺乏，对孩子也太疏于教育。为了改变这种局面，杨飞开始抽出时间学习教育知识，对孩子进行引导和教育。

在正确理念的指导下，杨飞改变了对孩子的教育方式。

杨飞给儿子提供了既宽松又严格的环境。一方面，他给儿子充分的自由，尊重儿子的兴趣爱好，指导他合理安排时间；另一方面，又严格要求儿子，让儿子学会自己照顾自己、参加家庭劳动、遵守家庭规则等。

同时，杨飞开始重视儿子的学习。值得一提的是，杨飞看重的不是儿子的学习成绩，而是看重他有没有学会正确的学习方法和态度。而且，在抓儿子学习的同时，杨飞也不放弃对孩子品德的培养。

就这样，儿子渐渐走上正轨。

很多父母以为，教育孩子非常简单，只要不让孩子犯错就可以了。其实，教育没有那么简单，教育孩子需要掌握基本的教育规律，这样才能有章可循。

※※※　※※※　※※※　※※※　※※※

在掌握孩子的成长规律和教育理念的同时，父母还要学习如何将这些知识融入到日常对孩子的教育中，找到适合孩子的教育方法。

同事吴涛的儿子贝贝是个很爱哭的孩子，一有点不顺心的事就哭。吴涛虽然知道哭是孩子的需求，但贝贝总是大哭，让他感觉很挫败。

后来，吴涛还是没能忍住，经常劝贝贝不要哭，有时疾言厉色，有些语气缓和，可都没有什么作用。

有一次，贝贝因为考试成绩不好，在家里大哭。吴涛觉得很心烦，就冲着贝贝吼道："哭！哭有什么用啊？要是哭有用，我现在立刻把妈妈叫来，我们一家人一起哭。"

贝贝愣了一下，然后又开始哭了。哭了几声，突然明白了吴涛的话，又笑了起来："爸爸，你说得真好笑！我不哭了。"

吴涛这才发现，自己虽然了解一些教育理念，但从来都没有运用到对儿子的教育中。今天只是突然想起一本书上是这样安慰孩子的，就照样画瓢，没想到真的有效。

有了这个认识后，吴涛开始注意把书中的教育理念和方法转嫁到生活中来。每次贝贝一哭，吴涛就能用不同的方法安慰贝贝。

吴涛发现，疾言厉色的教育虽然能起到一时的作用，但也容易让孩子产生对抗心理。而心平气和的教育又容易让贝贝变得无法无天。而当吴涛将风趣幽默和心平气和结合时，贝贝总能记住他说的话，而且效果也比较好。

发现了这点后，吴涛在教育贝贝时，总是尽可能地用幽默的方式，让他在笑声中学到正确的观念和方法。

教育规律那么多，教育方法要因人而异。父母要学会正确地运用教育规律和方法，帮助孩子更健康地成长。

※※※　※※※　※※※　※※※　※※※

父母是孩子的第一任老师，当然对孩子内力的激发有着不容推辞的责任。要是教育方式不对，帮助孩子激发内力就变成一件很头疼的事。因此，父母非常有必要学习有关这方面的知识。

父母要学习孩子的成长规律，要学习先进的教育观念和方法并且熟练运用，这样，才能帮助孩子激活内力。

冷处理就是给孩子认识错误的机会，让他自行改正

冷处理教育可以加强孩子的自我认识，对自己的错误行为感到惭愧，从而更主动地改正。让孩子得到磨炼，增强心理承受能力。

很多时候，孩子一做错事，或者行为出现偏差，父母就会大动肝火，用打骂或妥协阻止孩子的行为。其实这样做完全没有必要，进行冷处理一样可以达到这种效果。

包包是桐桐的同学，一次，我遇见了包包妈，得知包包虚荣心越来越强，喜欢跟同学攀比，经常利用要赖让包包妈妥协。

我给包包妈出了主意 ：“下次，包包再要赖时，你要学会冷处理，装作不理睬他的无理要求，让他主动放弃。”

在逛商场时，包包看见了一个非常好看的书包，立刻停下来不走了，他拉着妈妈说 ：“妈妈，你再给我买个书包吧。这个真的很漂亮。”

妈妈听了很不高兴，她严肃地对包包说 ：“你已经有好几个书包了，并且有一个还是上星期刚买的，今天别买了。”

包包不满地说 ：“这个书包是最新款，有保健作用，效果非常好。你要是不给我买，我就不走了。”

妈妈知道，包包是在用要赖威胁自己，于是说 ：“你想留在这里就留在这里吧，我要回家了。”

说完，妈妈头也不回地走了。包包虽不情愿，但还是跟在妈妈身后走了。

当孩子出现错误行为时，父母一定不能妥协。如果劝阻没有效果，不妨试试冷处理，记住一定不要给孩子讨价还价的机会。

※※※　※※※　※※※　※※※　※※※

冷处理的目的是让孩子用冷静的头脑来反省、认识自己的行为，并在这个过程中不断改正自己的错误。

有一次，朋友蓝田着急地对我说：“刚刚我出去，看到一个男孩送我女儿回家，两人还手牵着手，天啊，我该怎么办？”

我问道：“那你女儿看到你了吗？”

蓝田说：“看到了。不过我什么都没有说。”

我说：“你做得很好，美美如果被你训斥了一顿，会感觉很没面子，可能会故意和你对抗，继续早恋。

“你就装作什么都没有发生，对美美也不要问东问西。给她反省的时间，让她主动找你谈论这件事。”

几天后，蓝田告诉我，她按照我说的做了，没有问美美早恋的事情。结果，美美反倒沉不住气了，问蓝田：“妈妈，你明明知道我早恋了，为什么不训我啊？”

蓝田笑着说：“妈妈虽然有点担心，但妈妈觉得应该给你时间让你好好想一想，同时，妈妈也认为你能处理好这个问题。”

美美不好意思地说：“其实，我和那个同学之间也没有什么，只是相互喜欢而已。我知道，早恋会影响精力，也可能会影响学习。

“所以，我和他约好了，现在只做相互帮助的朋友。如果上了大学以后我们还相互喜欢，那个时候就谈恋爱。”

蓝田说：“你做得很对，妈妈支持你的决定。”

美美笑了，抱着蓝田撒娇：“谢谢妈妈，你把我当大人看，让我觉得我一下子长大了。也谢谢你没有把这件事告诉老师和爸爸，让我有勇气改正。”

最后，蓝田告诉我：“我最初也认为早恋是洪水猛兽，很想训斥美美。

可我没有想到，用冷处理的方式就轻松解决了，真是谢谢你。”

冷处理可以避免矛盾激化，让孩子冷静下来思考，思考自己的行为是否正确。在反省中，孩子能认识到正确的道理。

※※※　※※※　※※※　※※※　※※※

对孩子采取冷处理教育方式，并不是对孩子的行为不闻不问，置之不理。那样，极容易对孩子的心理造成伤害。

有一次，一位名叫倾心的网友告诉我，她在儿子犯错后用了冷处理的方法，谁知道用了几次之后，儿子变得沉默寡言了。

倾心的儿子非常调皮，经常闯祸，而且不管倾心怎么苦口婆心地劝说，他还是依然我行我素，错误不断。

倾心第一次用冷处理的方式教育儿子，是在儿子打碎了家里的杯子后。那次，倾心没有像往常一样，批评儿子，而是把玻璃碎片收拾干净以后，就不再理儿子。

儿子看到妈妈没有批评自己，很高兴。可是第二天，儿子发现妈妈还是不理自己，这才慌了，主动向妈妈承认错误，想要得到妈妈的谅解。

倾心觉得，这么快就原谅儿子，儿子会记不住教训，下次还会再犯。于是，她又故意冷落了儿子几天，才和儿子说话。

经过了这次事件以后，倾心发现儿子老实了好几天。后来，又用了几次冷处理的方式教育儿子，结果儿子越来越沉默。

我告诉倾心，冷处理虽然有效，但也不能常用，经常使用会让孩子觉得父母不爱自己，心生恐惧。

而且，在孩子认错后，仍然不理孩子，这就间接成了冷暴力。孩子感受不到父母的爱，很容易变得沉默，心理也容易出现问题。

在孩子认错后，父母要对孩子进行适当的心理安抚。孩子一向受到父母的宠爱，一下子受到冷落肯定不适应，安抚孩子，才能将对孩子的伤害降到最低。

倾心听了我的话，才知道自己犯了这么大的错。

冷处理虽然有效，也会给孩子的心理造成一定的压力，父母在冷处理之后，要对孩子表达自己的爱意，让孩子知道父母是爱自己的。

※※※ ※※※ ※※※ ※※※ ※※※

孩子犯错误有时是因为无知和一时冲动，父母直接的责骂惩罚，无疑是一种火上浇油的举动。孩子不仅不能反省错误，反而对父母产生更强的抵触，不利于矛盾的解决。

教育孩子时，父母不妨采取冷处理，给孩子反省的时间，再找准合适的机会对孩子进行教育，效果会更明显。

唤醒孩子的善良，在孩子心中播下真善美的种子

孩子幼小的时候，父母就应该在他心中撒下真善美的种子，让真实与孩子一起启程，让善良陪伴在孩子左右，让美丽跟随孩子一生，这样他的生活才能更加充实、精彩。

桐桐现在虽然只有五岁，但个子长得却不矮，已经到了一米二。

公交车的售票员，看到这么高的孩子上车，一般都不会太较真。

但是，我知道桐桐已经到了一米二，为了培养孩子求真的精神，给孩子播撒实事求是的种子，每次上车，我都会给桐桐主动购买半个成人票。

有次又坐公交车，我像平常一样，掏钱给女儿买票，售票员看了桐桐一眼，又仔细地打量一下，然后问我："孩子到一米二了吗？"

"到了。"我乐呵呵地回答，并把桐桐带到一米二划线处站直，结果刚好。

售票员给我撕了票，赞叹着说："像你这样，主动给刚好一米二的孩子买票的人很少。"我笑了一下没有作答，心里却美滋滋的。

其他的乘客，看到我这样，眼神中流露出迷惑，觉得我要么很傻，要么钱多得没处花。但他们哪里知道，这种行为会带给孩子多么重要的影响。

在我的言传身教下，桐桐很少说谎，一般事实怎么样，都会实事求是地讲。这不仅便于我了解孩子，而且能帮助孩子更好地融入集体，桐桐与幼儿园的伙伴们关系都比较好，有一大部分原因就是由于她比较真实。

孩子就像一张白纸，虽然有一些天生本能的行为，但后天的行为举止、道德品质等等，都与你的言传身教有着很大的关系。

教孩子从小为人真实，做事不虚假，不但能够让孩子成为一个真实的人，还能使孩子容易得到别人的信任，帮助他与人更好地交往，使孩子变得更加快乐。

※※※　※※※　※※※　※※※　※※※

有次，我带着桐桐下楼，一群孩子正在玩足球，女儿看到后，也参与到了其中。

孩子欢快地玩着，一会抢球，一会踢球，我则在旁边津津有味地看着。

忽然，球被一个孩子踢到了一个臭水坑中，有一个比较大点的孩子要下去拿。

这时候，一位妇女快步走到那个孩子面前说："丰丰，足球不是你踢进去的，也不是我们的球，你不要下去拿。"说着，领着孩子回家了。

那个把球踢进去的孩子穿着黄上衣，年龄小，不敢下，足球的主人穿着黑衬衫，也是一个比较小的孩子，看没人把足球拿上来，要和那个穿黄衣服的孩子打架。

桐桐看到这种情况，走上前有些跃跃欲试。我知道下臭水沟不小心会摔倒，还会弄脏衣服，于是急忙走上前，拦住桐桐，向孩子们主动请缨下去。

足球很快被捡了回来，孩子们都高兴地拍着手欢叫。尤其是桐桐，看着我的眼神充满了感激崇拜之情，好像我的举止，在孩子中给她挣足了面子。接着，孩子们又高兴地踢球了。

玩了一会，我带着桐桐回家，她望着我说："爸爸，小伙伴都夸你善良，我也要做个好人。"

我一个不经意的举止，却使孩子萌发了做善良人的想法，我十分欣慰。而那个叫丰丰的孩子，在妈妈事不关己、高高挂起行为的影响下，怕是很难学会善良。

"人善被人欺，马善被人骑。"受这句古话的影响，许多人想当然地认为善良的人会吃亏，因此大多数人都不愿去做善事。

事实上，一个人怎么对待别人，别人就会如何对待他。

所以，你要教孩子做一个善良的人，这样孩子才会受人欢迎，遭人喜爱，以后遇到困难，才会得到更多人的帮助，以后的路才能走得更加顺畅。

※※※　※※※　※※※　※※※　※※※

有一次，我到一所小学办讲座，正在讲课，忽然下面一阵骚动，有人吵嚷了起来，尤其是那个打扮得花枝招展的小姑娘和她浓妆艳抹的妈妈，嗓门特别高。

我停止了讲课，上前询问情况。那位浓妆艳抹的妈妈大声说："这个孩子刚才踩了我闺女的脚，还不说对不起，孩子没教养，身边的妈妈难道也缺少起码的礼貌吗？"

"是这么回事吗？"我转头问旁边那个孩子。

"我说对不起了，她们没有听见，硬说我没有讲。"男孩小声说。

"没讲就是没讲，撒什么谎？"浓妆艳抹的妈妈面朝男孩嚷。

我十分反感，转头问小姑娘："踩得很疼吗？"

"不痛。"她说完话，看了妈妈一眼，见她向自己使眼色，急忙改口说，"痛！"

为了快速平息这场风波，我让男孩向那个小姑娘说了声"对不起"。这对母女才善罢甘休。

我清楚地知道男孩坐在凳子上，踩了女孩一脚也不会太痛。同时，我也能感觉到，老实巴交的男孩应该是说了"对不起"，看着他就不会撒谎。即便没有说，这对母女也没有必要因此大声吵嚷，影响讲课。

看着这对穿戴时髦、盛气凌人的母女，我有些厌恶，她们虽然打扮得十分漂亮，但外在的美丽难掩心中的丑恶。

※※※　※※※　※※※　※※※　※※※

爱美之心人皆有之，人们往往只重视外在美，却忽略了心灵美，而心灵美远远比外在美重要得多。因为心灵美丽，才会有温和的语言，祥和的面容，才会与人为善。

孩子幼小的时候，父母就应该在他心中撒下真善美的种子。让真实与孩子一起启程，让善良陪伴在孩子左右，让美丽跟随孩子一生，这样的他的生活才能更加充实、精彩。

你要教会孩子如何从错误中总结经验和教训

孩子犯错误正常，但总犯类似的错误，那就真有问题了。症结要么是孩子不知所犯的是错误，要么就是不善于吸取错误的教训导致。

有时候，孩子身上有错误，因为不会自省，自己却意识不到。

去年的某一天，我打开邮箱，发现有一封求助的邮件，是一个男孩写的，内容如下：

成老师，你好！

我叫韧超，是一个积极上进的男孩，今年读初二，学习成绩一直在班里名列前茅。不仅成绩好，我的体育也不错，是班里的篮球队队长。

从读初一开始，我就开始竞选班长，但却屡次落选。而选上班长的同学，要么成绩没我好，要么体育没我强，总体来说，都没有我优秀。所以我对那些选上班长的同学不服气，同时又很嫉妒，弄得现在我不仅没当成班长，而且学习成绩也下降了。

我很苦恼，为什么全面发展的我，却得不到老师和同学的青睐呢？眼看快上初三了，班长我还没有当上，这成了我的心结。也不知道初中上完后，我能否实现当班长的愿望。

仔细地看完信的内容，我陷入了沉思：如果男孩真的像信中说得如此优秀，选上班长的几率应该会很高，为什么次次同学不选他？我想，应该是男孩不善于总结失败的教训，没有意识到自身的缺点导致。

因此，我回了一封信给那个叫韧超的男孩，让他反省一下自己的言行举止，是否有错误之处，并告诉他多看看被选为班长同学的优点，并向他们学习。

一年后，我又收到韧超的来信：

成老师，您好！

自从收到你的来信之后，我不仅用心看了，而且照它去做。经过自省我发现，自己说话比较直，经常在不知觉的情况下，就得罪了许多同学。同时，我通过观察发现，曾经被选为班长的那些同学，说话都比较委婉，和老师、同学的关系都比较好。

我开始有意识地改正自己的缺点、错误，现在，终于当上了班长，实现了夙愿，谢谢您。

看着这封信，我的喜悦之情溢于言表，希望韧超这个孩子，在今后的路程中，能永远记着这件事，时刻提醒自己要多善于发现自己的缺点，多学习别人身上的优点。

孩子，因为不能自省，常常看不到自己身上的错误。遇到不如意之事，总喜欢从他人身上去找原因，这样往往适得其反。

你要早教孩子自省，学会从自己身上找原因，有不足之处，及时改正；让孩子多去看别人的优点和长处，并多向他人学习。同时，你还要鼓励孩子多从错误中总结经验和教训，这样他才能真正获得进步。

※※※　※※※　※※※　※※※　※※※

我小时候，特别淘气，经常犯错误，而且有时候，同样的错误，能重复犯好多次。拿母亲的话说：十分顽劣。

后来，母亲想了一个法子，不管我犯了什么错误，都要我写在一个本子上，标明错在哪里，应该如何正确去做，同时写上日期，所犯同样错误是第几次等等。

光记这些还不够，而且每周日，母亲还会看着我从头到尾把它读一遍。

还别说，一段时间之后，我犯的错误减少了许多。特别是同样的错误，很少再有超过两次的。

孩子犯错误正常，但总犯类似的错误，那就真的有问题了。症结要么是孩子不知所犯的是错误，要么就是不善于吸取错误的教训导致。

教孩子学会总结成功的经验，吸取错误的教训，他才能更快的提高。

※※※　※※※　※※※　※※※　※※※

桐桐小屋的桌上，放着一把戒尺。说是一把戒尺，事实上，我只用它打过孩子一次。之所以没扔，还放在孩子每天都能看到的显眼位置，是为了给女儿一个警示。

记得那还是桐桐三岁左右的时候，有一次，她看到插座上的小孔好玩，伸手往里面抠。我看见了，大惊失色，但又怕吓着孩子，恐她慌乱中把手指朝插座孔中送。我就轻手轻脚地快步走到女儿面前，一把把她抱走。

桐桐正玩得高兴，见我这样，吵闹着还要去插座那玩。我拉着女儿不放手，想给她讲一下有关电方面的常识，女儿倔脾气上来了，伸着手朝插座的方向，一边哭，一边说："我要去玩，我要去玩……"

我气极了，顺手拿起桌上的一把尺子，朝女儿伸着的手敲了下去。

这一下，还真管用，桐桐的哭闹声戛然而止，手也缩了回去。她惊恐地看了我一眼，又望了望自己挨打的手，小声地啜泣起来，可能意识到了自己犯下的错误，不再大喊大叫着要去玩。

等桐桐的情绪缓和后，我给她讲了一些有关电方面的常识，以及我刚才的担心，还告诫女儿，以后绝不能再用手去掏插座孔。为了时刻提醒女儿，我还把那把尺子摆在了女儿的桌上，让它时刻警示孩子，不能再去玩插座。

自从这件事情发生后，桐桐再也没有摸过插座。

※※※ ※※※ ※※※ ※※※ ※※※

小孩子，做了什么错事，容易转眼就忘，因错事受到惩罚，好了伤疤也会忘记痛，还去犯同样的错误。

这时候，你最好给他留下一个受惩罚时的实物，让它时刻提醒孩子，不能再犯类似的错误。

第九章

非惩罚性教育

实施禁忌

贿赂是对孩子最大的惩罚，它会剥夺孩子成长的喜悦

原本孩子应该学会的事情，因为父母的溺爱和对孩子的纵容，变得难以实现。此时，父母用金钱、物质等贿赂孩子，以达到目的。这种做法无疑是给孩子造成巨大的负面影响。

很多父母认为，用金钱、物质等奖励孩子，能够促进孩子更快地进步。然而，父母却忽视了这样一个事实：贿赂是一种消极的教育方式，会让孩子产生依赖。

有一位妈妈曾经向我大吐苦水：

“我老公常年在外地出差，我一个人在家照顾孩子，孩子小的时候还好些，长大了以后我真的感觉力不从心。

“有一次，孩子无缘无故地大哭，哄了半天也哄不好。后来，我试着对他说，如果他不再哭了，我明天就给他买一个玩具，结果孩子居然慢慢停止了哭泣。

“那一刻，我非常高兴，因为我发现给孩子一点物质奖励就能让孩子听话。后来，我又试了几次，还真是次次成功。于是，我就爱上了这种教育方式。

“孩子迷恋动画片，我就允诺少看动画片，给他买玩具；孩子赖床，我就告诉他早起床给他买零食；孩子学写字，写对一个我就奖励他一块钱等，最初效果都非常好。

“起初，我看到孩子变得这么主动，非常高兴，可是有一天在公园，孩子吵着吃雪糕我没有同意，谁知他直接坐在地上打起滚来，还一直干号。我没有办法，只好说如果他不闹，就给他买。结果，孩子立刻云开雾散。

“这一刻，我才认识到自己教育的失败。但我实在不明白，孩子为什么会变成这样？”

我理解这位妈妈，她的出发点是好的，但这样以金钱或物质贿赂孩子，虽然可以取得一时效果，但长久下去必然会导致这种消极的影响。

我说：“从短期看，贿赂能提高孩子的积极性。但实际上，孩子和父母讨价还价，就说明孩子已经开始依赖贿赂，做什么都希望得到奖励。

“这是因为孩子原本好的行为是因为有物质奖励，一旦没有奖励，孩子也会变得不听话。孩子是为了钱或者物质假装改变的，并没有真正改变。”

父母为了省事，或者刺激孩子进步而贿赂孩子，会让孩子产生依赖。当贿赂消失的时候，孩子也会恢复以前的状态。

※※※　※※※　※※※　※※※　※※※

一些父母在孩子表现不够优秀时，用金钱或物质贿赂孩子，给孩子动力。可当孩子进步到一定程度后，父母却发现，即使给再多的奖励，孩子也无法取得更大的进步。

有一位读者通过微博给我发了私信，提到了他教育儿子学习时的情况。

这位读者说，她的儿子上小学六年级，为了让孩子取得好成绩，上一所比较好的初中，她提出了物质奖励的办法。

办法规定，考试考进班级前十名，就奖励五百块钱；考进班级前五名，就奖励一千块钱。考班级第一就奖励两千块钱。

规定一出，儿子立刻变得积极主动起来。原本每天一回到家就出去打篮球，现在一回到家就看书、写作业。

这位读者看了很高兴，可没过多长时间，儿子就变得懈怠起来。她想可能是获得奖金的动力变小了，于是就增加了奖金金额。

可是，即便如此，儿子还是不喜欢学习，有时候甚至刚刚翻开书就吵着头疼，还不如奖励政策出台之前的学习状态好呢。

这位读者很疑惑，她不明白，为什么儿子会变成现在的样子。

我非常清楚答案。这位读者的奖励在儿子看来，正在一点点失效，因为儿子原本学习是为了提高自己，是自尊心、荣誉感、求知欲、责任感等内在需求在起着引导作用。

可是，在奖励政策下，儿子是为了得到奖赏才努力学习，最初还能因为想着得到金钱而有些乐趣，可随着学习难度加大，奖金已经不足以给他动力，孩子便失去了学习的乐趣。

不管做什么事情，兴趣肯定是非常重要的。但奖金让孩子的兴趣消失，让一种外部激励取而代之，自然不能取得好的效果。

我把我的想法告诉了这位读者，同时提醒她改变这种实质上是贿赂的方法，帮助孩子重新找回学习的乐趣。

贿赂的产生，让孩子以得到贿赂物为目标，从而让获得进步的内在动机渐渐消失。一旦内在动力消失了，孩子就很难取得大的进步。

※※※　※※※　※※※　※※※　※※※

贿赂的负面作用这么大，父母要坚决抵制。孩子问题丛生，父母总有不知道怎么办的时候，此时也最容易选择贿赂孩子。如果出现这种时刻，父母一定要咬紧牙关，打消贿赂孩子的想法。

桐桐小时候有赖床的习惯，妻子为了这事说了她很多次，可都没有用。有一次，桐桐对妻子说："我起床，你要给我买气球。"

气球花不了几个钱，可桐桐的这种行为绝不能纵容，于是妻子拒绝了，而桐桐就在床上闹着不起来。

我和妻子经过一番商量后，决定由我来做桐桐的思想工作。晚上，我在和桐桐聊天时，随意聊到如果早上能去公园玩一会儿，会非常享受。

看到这个说法引起了桐桐的兴趣，我趁机对桐桐说，让她提前半小时起床，我带着她去公园玩一会儿，桐桐高兴地答应了。

第二天，桐桐一早就起来了，妻子看到主动起床的桐桐感觉很吃惊。而我也按照约定的那样，在桐桐吃完早餐后，带她到公园玩。

我觉得这个结果很好。既能让桐桐不再赖床，还能养成早起锻炼的习惯，比用一只气球贿赂桐桐要好得多。

对于一些习惯了贿赂的父母来说，停止贿赂可能会让孩子出现更糟的情况，但这只是暂时的。坚持一段时间，会取得不错的效果。

※※※　※※※　※※※　※※※　※※※

贿赂给孩子提供的是一种外在刺激，时间长了，这种外在刺激会消磨掉孩子的内在动力，使孩子对贿赂产生依赖。

正确的做法是，父母要坚决抵制依赖。即使孩子无理撒泼，也不要轻易妥协。可以给孩子讲明这样做的理由，让孩子自己去体会。

天天生活在称赞中的孩子，会变得更加脆弱

赏识教育备受推崇，很多父母不遗余力地称赞孩子，这对培养孩子的自信有一定作用。可是，赞美一旦泛滥，就容易让孩子变得脆弱。

父母的称赞能增强孩子的自信，一旦孩子的自信过头了，就会变得自大，还会导致孩子变得嫉妒心强。

朋友蓝田在赏识教育的观念还没有普及时，就对这种观念非常追捧。她认为，经常称赞孩子，能给孩子安全感，让孩子变得自信。

所以，从女儿美美小时候开始，蓝田就经常称赞她。美美帮蓝田扫地，虽然扫得乱七八糟，蓝田还是称赞她："真是个懂事的好孩子。"有时，美美从一数到十，蓝田就会夸她："你真聪明。"

渐渐地，美美也比一般孩子优秀。有时候，蓝田带着美美来我家玩，也会向我炫耀："我家美美特别聪明。"

我发现，在蓝田的夸奖下，美美似乎变得有些骄傲起来。

那一次，美美在我家和桐桐一起画画。刚刚画了几笔，就停下来问蓝田："妈妈，我画得好吗？"由于蓝田正在和我说话，没有及时称赞她，美美就把画笔一摔，不愿意再画了。

蓝田赶快向美美道歉，一边帮美美捡起画笔，一边装作仔细端详美美画作的样子，然后称赞道:“画的真好看。”实际上，画纸上只有几条线条而已。

还有一次，蓝田看到桐桐画的画，就称赞了几句，没想到美美却不同意了，非让蓝田说出桐桐的画没有她画得好看不可。

看到美美这个样子，我不无担心地对蓝田说：“你这么没有原则地称赞美美，让她看不清自己的真实水平，变得骄傲自大、嫉妒心强。

“而且，美美现在好像对称赞有些上瘾了。你一不称赞她，她就发脾气，这样怎么能行呢？趁着美美还小，你要帮助她改变这种心态。否则一旦这种心态强化了，以后想要纠正就难了。”

蓝田听了我的话，若有所思地点点头。

经常被父母称赞的孩子容易变得骄傲自满，这是止步不前的标志。父母想要培养出优秀的孩子，就不能总是无原则地称赞孩子。

※※※　※※※　※※※　※※※　※※※

父母每天称赞孩子，时间长了，会给孩子带来不必要的困扰，让孩子有心理负担，形成焦虑的情绪，而且变得过于在意外界的评价。

有一位妈妈告诉我，她女儿原本作文写得很好，经常被老师当作范文读。可不知道为什么，最近女儿开始害怕写作文，拿到作文题目都不知道怎么下笔了。

而且，这位妈妈一说女儿，女儿就立刻委屈地哭起来，这样一来，这位妈妈也不知道要拿女儿怎么办了。

我想，孩子对写作态度的改变，肯定是和外界有一定关系，于是就问她：“在女儿写作的问题上，你给她做过什么强制性的规定吗？比如给她安排作文任务，或者要求她作文必须写到什么水平。”

这位妈妈摇摇头：“这倒没有。”继而又补充说道：“而且，我还经常鼓励她。有时，看到她作文写得不错，我还称赞她。”

我继续问：“那孩子有什么反应？”

这位妈妈说：“最初，女儿很高兴，每次写完作文后，都主动拿给我看，等待我的夸奖。而我每次都称赞她写得好，女儿就非常兴奋。”

“那接着呢？”

“接着啊，不管我怎么称赞女儿写得好，她都不敢下笔写。在家里如此，在学校里也是这样。”

通过这位妈妈的介绍，我明白事情的隐情。这位妈妈的称赞让女儿对自己有了信心，可时间一长，女儿担心写得不好被妈妈或其他人笑话，就不敢写作了。

我建议那位妈妈：“回去后，不要这么频繁地称赞孩子了。在对孩子的作文进行评价时，要指出作文好在什么地方，还可以让孩子谈谈写作感受。这样孩子能恢复成就感，也知道作文哪里不足，有了改进的方向。”

不要频繁称赞孩子，孩子一旦被父母放到一个很高的高度上，就容易因为害怕失去称赞而止步不前，不敢挑战。

※※※　※※※　※※※　※※※　※※※

习惯了表扬的孩子，会对自己自视过高，意志力薄弱，不肯面对挫折，经受不住挫折的打击。

一天，我正在小区走着，一位接孩子放学的妈妈热情地和我打招呼。

我愣了一下，看了看那个人的样子，再看看那个孩子，我才想起来那人是谁。

几年前，我经常在小区看见一位身着运动服的妈妈带着孩子在小区玩。看到孩子笑，妈妈就会称赞：“宝贝笑得真好！”看到孩子跌倒没哭，妈妈又夸道：“孩子真勇敢。”

经常遇到，渐渐和这位妈妈熟识起来，见面时也会打声招呼，说上几句话。只是后来，孩子渐渐大了，在小区玩耍的次数越来越少，我就把他们忘记了。

我回应那位妈妈的招呼，然后说：“真是很长时间没看见你们母子俩了，孩子都上幼儿园了吧？这孩子，怎么看着好像不高兴啊？”

那位妈妈说：“别提了。这孩子好胜心太强。今天下午，幼儿园里举行拍皮球比赛，谁拍的多就奖励给谁一个小汽车。这孩子输了，没拿到小汽车，正在这闹情绪呢。”

我笑了笑：“可能在孩子心中，这次比赛意义重大吧。孩子输了，难过一会儿是正常的，说不定等回到家就忘了这件事了呢。”

孩子妈妈无奈地冲我笑了笑，点头告别。

后来，一个偶然的机会，我在小区里又遇见了这个孩子，他正在和其他小朋友玩跳棋。看到自己总是输，小男孩生气地把跳棋一扔："不玩了！"

此时，我才发现，这孩子不仅好胜心强，受挫能力还很差，一点小挫折就难以接受，以后遇到了大的挫折恐怕会更不知所措。

父母过度称赞，会让孩子变得只愿意听好话，只愿意接受成功，受不了一点挫折。一旦遇到挫折，很容易耍赖或者变得消沉。

※※※　※※※　※※※　※※※　※※※

称赞孩子要适度，过度的称赞会让孩子变得自高自大、爱慕虚荣、嫉妒心强、害怕失败、抗挫折能力差等。

父母在称赞时，要注意称赞的内容要客观，还要注意避免随意称赞孩子，让孩子对称赞产生依赖，失去内在动力。

教育孩子要注意"立即"和"当下"，即立即进行，只说当下

教育孩子要有及时性和针对性，也就是通常所说的要注重"立即"和"当下"。教育要立即进行，就事论事。

很多父母在教育孩子时，没有一点策略性和原则性，想起来就说说，想不起来就作罢，这种方式对孩子的成长是极不利的。

有一次，我带桐桐去一个同学家参加同学聚会。去之前，我特意和桐桐约法三章：不准要大人给的红包、不准乱翻别人家的东西、不准乱跑。

可能是到了一个陌生的环境，约法三章并没有把桐桐的好奇心压制住。在同学家坐了一会儿后，桐桐就坐不住了，指着屋里的东西问这问那。

我一一回答了桐桐，同时伸出了三根手指提醒她：不要忘记我们之间的约法三章啊。桐桐倒也算是听话，只张口不动手。

后来，王珊带着儿子胖胖过来了，有了玩伴的桐桐一下子变得活泼起来。看到胖胖这摸摸，那碰碰，桐桐的心里也开始痒了起来。趁我不注意，桐桐和胖胖一起摆弄一套陶瓷做的少数民族塑像。

"啪"的一声，一个塑像掉在地上摔坏了。我转过头去，发现桐桐和胖胖一脸惊慌失措的样子，不用说，肯定是这两个孩子闯祸了。

同学忙说："没关系，没关系，用强力胶粘一下就行了。"然后把摔成两半的塑像从地上捡起来，重新放回了盒子里。

王珊一把拉过儿子，假装很用力地打了儿子一下，然后说道："你怎么这么调皮，看我回家不让你爸爸收拾你！"

而我则趁机告诉桐桐："爸爸出门之前和你做了约定，就是担心你做错事给别人带来麻烦。你们把叔叔的塑像摔坏了，你要怎么做呢？"

桐桐想了想，走到我同学面前，郑重地道了歉。然后，桐桐又告诉我，下次出来，她一定不乱碰别人的东西了。再看看胖胖，又开始乱碰其他的东西了。

教育孩子一定要及时，这样才能帮助孩子改正不良行为。而且，及时改正才能阻止孩子犯更大的错误。

※※※　※※※　※※※　※※※　※※※

教育孩子时，很多父母喜欢翻旧账。明明在说这件事情，却把和这件事情毫不相关的其他事情也全部翻出来，对孩子进行大批判。

这样做，很容易让孩子并不清楚父母到底是为了什么批评他。而且，总是揪着孩子的丑事不放，很容易伤害孩子的自尊心。

有一次，我在外面吃饭，看到一位爸爸教训自己的儿子。

原来，这个男孩早上出门时，偷偷在书包里藏了爸爸的一瓶酒，准备放学后和班里的同学一起喝。结果还没有等到放学，就被老师发现了。

于是，老师给这个男孩的父母打电话，结果男孩的爸爸去学校把男孩接了出来，准备利用吃饭的时间好好给儿子上堂课。

爸爸说："儿子，你把酒拿到学校干什么？你不知道学生不能喝酒吗？"

男孩点点头，没有说话。

爸爸继续说："你知道自己错了吗？"

男孩还是点点头，没有说话。

爸爸生气了："你这孩子，怎么哑巴了？我问你话呢，那倒是吱声啊。"

男孩终于开口了："我知道错了。"

"知道错了，知道错了。"爸爸模仿儿子的口气说，然后话锋一转，"你每次犯错都说知道错了，下次又继续犯错。

“上次你在小区偷偷抽烟被我抓住，你说知道错了，结果上周你又在学校抽烟，还被老师抓个正着，知道错了的人会这样做吗？

“上次你考试之前不好好复习，半夜跑去网吧玩，我教训你时，你也说你知道错了，可之后我不又在网吧看见了你？

“这些事都太远了，我们说点最近发生的。上周我给你补课费，结果你拿去请同学吃饭，还说弄丢了。当时你也说知道错了，可之后你又谎称要资料费，向我要钱去打游戏……”

那位爸爸滔滔不绝地批判着儿子，连我听着都烦了。抽烟、上网、请同学吃饭等，都是以前的事情了，教育儿子，只说这次带酒去学校的事情就可以了，说这么多，让孩子反感不说，还没有任何作用。

教育孩子，一定要就事论事，不要扯太远。翻旧账式的教育，会让孩子感觉伤自尊，也从心底产生抵触。

※※※　※※※　※※※　※※※　※※※

教育孩子，立即和当下虽然是原则，但也并非是不可违背的。父母要根据当时孩子的状况进行调整，如果孩子情绪波动较大，则不适宜立即教育。

这天，朋友赵伟来我家玩，还带着他的儿子轩轩。我感觉很奇怪，这个时间轩轩应该在幼儿园才对，怎么会跟着赵伟一起过来呢？

赵伟看出我眼神中的疑惑，解释说：“孩子今天不愿意去幼儿园，怎么劝都不听，批评教育也没有用，我只好把他带过来了，正好你帮我教育教育他。”

我这才发现，轩轩的小脸蛋上带着泪痕，看来轩轩刚刚大哭了一场。

我问赵伟：“孩子为什么哭啊？”

赵伟说：“我也不知道呢，我问了半天，也没问出个所以然来。给老师打电话，老师说他昨天表现挺好的，也不知道是出了什么事情。”

我说：“你什么都不知道，就把孩子批评一顿啊？你没有发现孩子情绪不对吗？这种时候，是教育孩子的时候吗？”

赵伟听着我的话，什么也没有说。

后来，在我的一点点引导下，轩轩才说出了事情的经过。原来，幼儿园里每天会奖励回答问题的小朋友一朵小红花，轩轩也回答了问题，可是老师忘记奖励他小红花了。

轩轩还太小，不敢向老师要。而赵伟又不明真相地把他批评了一顿，这让轩轩觉得特别委屈，更不想开口说了。

得知事情的真相后，赵伟后悔极了。他说："以后，在孩子情绪波动大的时候，我一定缓缓再教育他，先把影响孩子情绪的根源找出来再说。"

当孩子情绪波动大时，立刻教育不仅不会收到好的效果，还容易使孩子的情绪更加恶劣，对父母心生怨恨。

※※※　※※※　※※※　※※※　※※※

教育孩子，要在照顾到孩子情绪的基础上，当场对孩子进行教育。这样，孩子容易记住为什么被批评。

如果父母选择秋后算账，或者习惯旧事重提，一遍遍地教育孩子，会打击孩子的自信，伤害孩子的自尊心。

孩子认错态度好就轻饶，会让孩子误以为态度比行动更重要

很多父母在孩子认错后，就会给孩子免除惩罚，这样会让孩子只重视态度，而不知道改错，会一而再再而三地犯错。

有些父母认为，态度比行为更重要，所以在孩子犯错后，只要能主动承认错误，认错态度好，父母就会轻饶。

有一次，我和妻子带着桐桐一起去公园玩。经过游船码头时，看到一个小男孩浑身湿漉漉的，一位妈妈正在教育另一个大点的男孩。

听着妈妈对男孩的数落，我大致听出了事情的经过。

原来，今天妈妈带着两个孩子来公园玩，孩子想玩游船，妈妈就答应了。上船前，各给他们买了一个水枪。

可是，到了游船上以后，哥哥才发现自己的水枪是坏的，不管怎么弄都弄不好，于是吵着要和弟弟换。

弟弟玩水枪玩得非常高兴，当然不愿意和哥哥换了。于是向妈妈告状，说哥哥要抢他的水枪。

妈妈被两个吵闹的孩子弄得很心烦，就伸手敲了哥哥的头，并且警告他："不要欺负弟弟，再欺负弟弟下次不带你出来玩了。"

哥哥很不服气，趁弟弟吸水的时候，把弟弟的水枪打到了水里。弟弟一看水枪掉到了水里，立刻想要用手捞，结果一不小心掉进了湖里。

这可把妈妈和哥哥吓坏了，还好弟弟穿着救生衣，而救援人员就在旁边，立刻把弟弟救了上来。

我听到那位妈妈训斥大儿子："你知不知道刚刚有多危险，你干吗要枪弟弟的水枪呢？如果弟弟出了什么事，你要怎么办呢？"

大儿子听着妈妈的训斥，似乎有些不耐烦，很想结束掉这场训话。于是，立刻对妈妈说："妈妈，我真的知道错了，我下次不敢了，你就原谅我吧。"

妈妈一听，立刻说："知道错了？好，知错能改就是好孩子。"

我以为妈妈会好好教育大儿子一番，却没有想到这么快就结束了，孩子认错态度好就可以免除批评吗？这样能帮助孩子改错吗？

孩子认错态度好，并不能免除孩子的责任。有时，孩子可能出于其他原因认错，而父母的轻饶有可能让孩子犯更大的错误。

※※※　※※※　※※※　※※※　※※※

当孩子发现，认错态度好就能免除处罚后，就会肆无忌惮地犯错，在犯错后好好认错，形成一种恶性循环。

在一个幼儿家长交流会上，有一位妈妈给我们大家讲了发生在女儿身上的趣事。虽是趣事，却让这位妈妈头疼不已。

这位妈妈说："最近，女儿好像变得懂事了。这倒不是说女儿听话了，而是女儿在犯错后知道主动承认错误了。

"女儿喜欢画画，拿着画笔在液晶电视上画了起来。看到我生气地望着她，她立刻撒娇：'妈妈，我错了，我改。'

"女儿有很多故事书，她经常抱着故事书要我给她讲故事。后来，我发现故事书少了几页，正要问女儿，她就可怜兮兮地说：'妈妈，我错了。'

"还有一次，女儿把茶水打翻了，看到我板着脸，她也知道自己做错事了，立刻抱着我的大腿说：'妈妈，我爱你，我知道错了。'

"我原本很生气，很想好好教育她一下，可是看到她认错态度这么好，我就不忍心说她了。可是，即使女儿承认错了，下次还是会照做。

"我感觉，我好像中了女儿的圈套。她好像知道，只要她一认错，就能得到我的原谅，就可以不受惩罚。”

孩子的洞察力非常强，而且，也是在一点一点试探父母。当孩子发现一旦犯错后好好道歉，父母就会原谅自己，他就没有了后顾之忧。

孩子之所以会在认错后继续犯类似的错误，是因为他觉得按照错误的做法做会比较舒服，而即使犯错只要认错父母就不会惩罚自己，也就更没有改正的动力了。

※※※　※※※　※※※　※※※　※※※

为了避免这种情况，父母要一开始就对认错态度有一个正确的认识，要把认错和认错态度严格区分开。

在亲子交流群里，有一位网友妈妈给我留言，问我如果孩子认错态度好，是不是可以宽容对待？比如，不责罚孩子。

对于这个问题，我仔细想了一下：

首先，父母要弄清楚孩子是否真的认识到了自己的错误。

有些孩子为了逃避父母的说教或者惩罚，即使不知道自己做错了什么，一旦看到父母生气了，也会立刻认错；

而父母看到孩子认错态度好，就以为孩子真的知道自己错在哪里，知道以后要怎么做，从而不再对孩子进行教育，这样很容易导致问题再次发生。

想要避免孩子自欺欺人，父母可以问一下孩子，问他认为自己错在什么地方，下次遇到这样的事情，要怎么做等等。

其次，父母要记住，孩子认错态度好，并不是抹杀孩子犯了错这个事实，该要孩子承担的责任还是要让孩子承担。

孩子认错态度好，父母可以先肯定一下孩子的认错态度，让孩子知道知错就改才是正确的态度。

然后，父母必须告诉孩子，他虽然知道错了，但是作为一个有担当的孩子，要知错必改，想方设法弥补自己的错误。

父母可以让孩子自己想办法改错，也可以在一旁指导孩子。当孩子对自己的错误做出相应的弥补后，父母要表扬一下孩子，让他知道把事情做对其实并不难。

这样一来，孩子既能保持良好的认错态度，也能学会承担责任，为自己的错误负责。

当孩子有了良好的认错态度，父母就只需让孩子改错即可，不用责怪孩子。如果孩子觉得，认不认错父母对自己的态度都一样，就容易导致孩子说谎。

我就自己的这些认识和这位网友妈妈进行了交流，这位网友表示会按照我说的方法试试，希望会取得好的效果。

孩子认错态度好，是件好事，值得高兴。但是，也要让孩子学会为自己的错误负责。

※※※　※※※　※※※　※※※　※※※

面对认错态度好的孩子，很多父母都会失去抵抗力，原本批评的话说不出口，反而安慰犯了错的孩子。

其实，父母可以不必如此。孩子犯了错，就应该试着让孩子认识到自己的错误，承认错误，改正错误。

孩子不是你的出气筒，不要在情绪不好的时候教育孩子

父母要学会控制自己的情绪。孩子不是出气筒，父母不要在情绪不好的时候教育孩子，如果在教育过程中产生了不良情绪，也要立刻叫停。

现在的父母，大多因为工作、教育等问题充满了压力，常常会产生坏情绪。这种时候，父母一定不要教育孩子，避免把孩子作为不良情绪的发泄口。

最近，同事夏莉非常懊恼地对我说："以后，一定要克制住自己的脾气。实在克制不住，就尽量不在心情不好的时候教育孩子。"

说完，夏莉和我说了她和儿子最近发生的一次冲突。

那天，夏莉下班后发现，自己电动车的电瓶被人偷了。没办法，夏莉只好一边责骂着小偷，一边搭地铁回家。

由于路上把心思全放在了被偷的电瓶上，夏莉没有注意到周围拥挤的人群。等出了地铁口，夏莉才发现自己的包被人拉开了，钱包和手机都被偷了。

夏莉真是气急了，暗暗说道："还真是，人一倒霉，连喝水都塞牙缝！我怎么这么倒霉呢？偷了电瓶不算，还偷我的钱包和手机……"

夏莉一路上念念叨叨地回到家，看到餐桌上放着儿子考了 85 分的试卷，再看看儿子，早跑出去玩了。

夏莉更加生气了，连饭也不做了，直接跑出去把儿子叫了回来。

到家后，夏莉开始教育儿子："就考了 85 分，你还好意思跑出去玩啊？你看看你这些题错的，你怎么这么马虎啊？

"我跟你说过多少遍了，让你好好学习，好好学习，你看看你，就考了这么几分，你是怎么学的啊？你的脑子到底是猪脑子还是人脑子啊？……"

看到夏莉这么生气，儿子一句话也没敢说。

第二天，夏莉给老师打电话才知道，这次考试比较难，班上没有一个同学考过 90 分，她儿子能考到 85 分已经很不错了。

夏莉后悔极了，总想着向儿子道歉，可儿子见到她就躲开，连理都不理。

很多时候，父母会因为一些微不足道的小事向孩子发火，这就说明孩子的不良行为只是父母情绪发泄的导火索，是父母自己有情绪，把孩子当成了出气筒。

※※※　※※※　※※※　※※※　※※※

有时，父母本身心情平静，可因为爱孩子，就容易在瞬间被孩子激怒。孩子一些很琐碎的不良行为不断积累后，就容易让父母失去控制。

一旦父母发现自己被孩子的不良行为激怒了，一定要立刻停止教育孩子，自己独处一段时间，等到心情平静后再教育。

我一直很重视桐桐的品德培养，希望她可以成为一个对社会有用的人。而桐桐的表现也一直很出色，这让我和妻子感觉很欣慰。

有一次，桐桐告诉我，班级要为贫困山区的孩子捐款，她希望我能给她一些钱，这样再加上她的零花钱，她就能多捐一些了。

看到桐桐这么有爱心，我当然不能袖手旁观。于是，我夸奖了桐桐一番，然后又拿出了一些钱给她，桐桐高兴地向我道谢。

后来，我和桐桐老师聊到了这件事情，老师告诉我，班级最近根本没有组织过捐款活动，倒是桐桐不小心把同桌的铅笔盒弄坏了，最后赔了两百块钱了事。

我知道自己上当了，桐桐要钱是为了还同学铅笔盒钱。想到这，我暗暗告诉自己，一定不能轻易放过桐桐。

当我把这件事说给桐桐听时，桐桐一下子愣住了。可是桐桐不但不认错，还说自己就是怕我生气，才撒谎的。

我看到桐桐这种态度，非常生气，恨不得把桐桐打一顿。但这个想法一出来，我就吓了一跳，自己什么时候也开始有打骂孩子的想法了？

我平静了一下情绪，用尽可能平稳的语气对桐桐说："爸爸现在很生气，需要一个人好好静静，你也先一个人好好反省一下吧。"

后来，桐桐主动承认了错误，还答应以后有什么事情会及时告诉我，不会再用谎言掩饰了。

中国父母总是恨铁不成钢，因为对孩子的期望高，孩子一丁点错误都容易让父母愤怒起来。此时，父母一定要及时停止教育孩子，给自己平静下来的时间。

※※※　※※※　※※※　※※※　※※※

想要避免把孩子当成出气筒，父母要学会控制自己的情绪。只有控制住自己的脾气，才有可能对孩子进行比较公正的教育。

有位读者对我说："成老师，我最近总是冲着女儿发火。今天早上，由于起晚了，我让女儿自己洗脸，我去给她准备早餐。

"等我准备好了早餐，想看看她有没有洗好脸。结果，我到了卫生间一看，女儿正在水池边玩水，脸没洗，牙也没有刷。

"我顿时火冒三丈，脑袋突然大了，然后我抓住女儿的衣领，不停地摇她，一边摇一边问她为什么还在玩。

"女儿被我吓坏了，哭也不敢哭。现在我很后悔，可还是感觉很生气。成老师，你说我该怎么控制自己的脾气呢？"

我非常理解这位读者的心情。对父母而言，教育孩子时总会多多少少带点情绪。如果情绪控制得好，双方相安无事；如果没有控制住，则会出现非常混乱的局面。

孩子还小，无法体会到父母的情绪变化，也不会明白父母望子成龙、望女成凤的心情。所以，父母必须自己提醒自己：我生气了。

内心收到这样一个信号后，父母一定要想办法让自己冷静下来。一般而言，父母可以先给自己三分钟的时间，让自己冷静一下。

为了避免看到孩子再发火，父母可以选择离开让自己生气的场景，单独在一个房间里冷静一下，这样一转移，就容易让情绪平静下来。

而且，越是这种时候，父母越要暗示自己“不要发怒”“我不生气”等，这样也可以对不良情绪起到一定的调控作用。

我把自己的观点告诉了那位读者，同时告诉了她我自己调节情绪的方法，希望对她能够有所帮助。

学会了控制情绪，就好像给自己的情绪安上一个刹车，让自己在情绪失控前，有能力挽回局面，父母一定要多学习，多练习。

※※※　※※※　※※※　※※※　※※※

孩子不是出气筒，父母小题大做，对着孩子发泄自己的情绪，会让孩子的内心产生恐惧，影响孩子心理的正常发展。

所以，父母一定要学会控制自己的情绪，坚持做到不在情绪不好的时候教育孩子，在教育孩子的过程中一旦面临情绪失控，立刻停止教育。

教育要与时俱进，好家长总是不停地改进教育方法

教育和时代是并行的，必须要做到与时俱进。落后的教育观念遇上思想进步的孩子，肯定会出现矛盾。因此，父母要学会变通，不要过于死脑筋。

教材是新时代的教材，老师是现代化的老师，学生是当代的生力军，可是我们作为父母，却还是老传统理念。新旧相撞，难免会产生激烈的电火花。

我们小时候最常被教育的就是要勤俭节约，因此，我们的老师们总是会用忆苦思甜的教育方式来教育我们。

桐桐奶奶最擅长这一套，自从桐桐懂事以来，就担负起了“忆苦思甜”的教育工作。

那天吃饭的时候，桐桐跟妈妈说鞋子在学校被刮了个窟窿，小脚趾都被刮疼了。我和妻子不由得全都趴在桌子底下看桐桐的脚。

桐桐的小鞋子右侧果然划了个大口子，粉色的袜子都出来了。妻子说：“明天得给桐桐买双新鞋子了。”

奶奶听了，说：“哎呀，你们放心吧，我刚坐在这儿的时候，桐桐就告诉我了。我都想好了用什么把鞋补好了。你们就别买新的了。”

桐桐一听哭了起来，对奶奶说：“奶奶，你不喜欢我了吗？为什么你穿好鞋，让我穿一双裂口的鞋啊？咱家是穷得揭不开锅了吗？奶奶，你是不是要把我卖掉当奴仆啊？”

“怎么这么说？”妻子问道。

“奶奶说以前，他们很穷，吃不起饭，就吃野菜，穿不起衣服，就被卖到人家，当奴仆。”

我就知道，母亲肯定又把那套给我们说的话，又说给桐桐听了。妻子也明白了，连忙安慰桐桐，说：“桐桐别怕，奶奶的意思只是叫你勤俭，不是要卖你。”

桐桐奶奶也赶紧解释：“不会卖你，我们这么多人疼你还来不及呢，咋舍得卖你。”

传统的不合时宜的教育方式，孩子听不懂，即使听懂了，也无法有切身的体会，教育效果也会事倍功半。

※※※　※※※　※※※　※※※　※※※

小美非常支持教育要与时俱进，她跟妻子说，只要是现代人们流行的东西，她都会让魏一学一学，像钢琴、小提琴这些乐器就不用说了，跆拳道武术什么的也不要讲了。就说现在的经济管理或者其他热门，那一定要和魏一讲一讲，还要讲透。

但这其实更加重了魏一的负担，本来魏一的学习任务就重，小美还要每天都安排她看新闻，分析时事，把魏一累得都没个孩子样了。

妻子和其他同事都觉得小美这种做法不好，有点摧残孩子的意思。小美则不以为然，她说：“都叫嚷着与时俱进，怎么教育就不能与时俱进了？我往前看，这怎么着也没错吧，我多替魏一想想，她将来的麻烦就会少很多。”

没人劝得了小美，她就更加卖力地执行自己的计划。魏一有一个专门的小本，做分析政治局势用。

最近，叙利亚局势很紧张。

伊朗态度很强硬，美国不得不低头。

……

妻子看过魏一的这个小本，看上去很精致，但内容却大多都是新闻联播的重复。

那天，魏一终于接受不了母亲的这种教育方式，她给母亲打了个电话，说：“伊朗态度都强硬了，我也该想想我自己的政策了。你说教育与时俱进，可实际上，你不过是重复压力。我现在已经变得强壮，而你的教育漏洞也越来越多，我现在开始反抗了。”

放下电话的小美脸变得苍白，妻子问她怎么了，她居然说：“叙利亚局势动荡。”妻子笑起来，小美却哭了，说了魏一的事情。

妻子和几个同事立刻为小美上了一课，让她不要再给孩子增加负担。小美听后，点头答应了，但是随后又风风火火地查阅教育方式。妻子和几个同事叹息说：“脑子都成老古董了，怎么也与时俱进不了了。”

别为了与时俱进而给孩子增加负担，那样只会让孩子更加反感，不但无法达到教育目的，还可能会产生亲子矛盾。

※※※　※※※　※※※　※※※　※※※

嘉嘉妈妈说，嘉嘉最近不学好，经常会说一些乱七八糟的网络语言。比如，“郁闷”“亲”“给力”等。

那天，嘉嘉和一位同学在电话里讨论一道题，妈妈正送水果过来，就听嘉嘉说：“亲，你说的这是虾米东东，这么做，完全不给力嘛。”

就听对方说：“别让我 bs 你哦，你今天没听课哦？”

“囧。”

“7456。难怪，再听一遍。”

妈妈听了半天，雨里雾里，什么都没有听明白。嘉嘉放下电话之后，妈妈就说道：“讲的什么话，还亲，还 bs，还囧，讲题就讲题呗，说这些废话干啥，你就不学好。”

嘉嘉很生气，说：“你 out 了，还怪别人不好。”

嘉嘉妈妈也知道网络语言这回事，但是一直吃不准，到底要不要孩子学这个东西，就问妻子。妻子说：“你不让她学，她反而学得更快。何不痛痛快快地接受呢。”

每个时代都有每个时代的特色，而这种时代的特色必然会和过去的时代相互冲突，要接受新时代，就要接受新时代的特色。孩子生活在新时代，你永远无法把他拉回到旧社会。

※※※　※※※　※※※　※※※　※※※

教育的理念不断在更新，教育的方式也在不断变化，教育的工具更是花样翻新。作为父母，必须要不断变革，接受新的正确的理念，适应新时代的特色，和孩子一切与时俱进，这样，才能和孩子成为朋友。

溺爱等于惩罚，而且是父母对孩子最残忍的惩罚

很多父母以为，爱孩子就要给孩子最好的，要给孩子无限的爱。在这种错误观念的支配下，对孩子溺爱成瘾，给了孩子最残忍的惩罚。

溺爱使孩子一种处在充满爱的环境中，只知道接受爱，却不知道付出爱。一个内心没有爱的孩子，会变得自私自利，体会不到幸福的滋味。

有一次，我们一家出去吃饭。正吃得高高兴兴，旁边一张大桌子上突然传来了吵闹声，引得我不禁转过头去看。

原来，旁边来了一桌人，四位老人、两个中年人和一个小男孩。看得出来，小男孩应该是这个大家庭的中心。

吃饭时，小男孩显得特别兴奋。看到自己喜欢吃的排骨，直接用手抓起来吃。小男孩家人笑着假装要训小男孩，然后任由小男孩用手抓着吃。

吃着吃着，小男孩看到妈妈夹了一块排骨给奶奶，他立刻不愿意了。把手上的排骨一扔，吵着要吃奶奶碗里的那一块。

奶奶立刻把排骨夹给小男孩，嘴里还念叨着："我乖孙子喜欢吃排骨，全都给他吃，你说你们给我夹排骨干什么？"

小男孩一把抓住排骨，高兴地啃了起来。奶奶则爱怜地说："别忙，慢慢吃，全都是你的。"

旁边的爸爸有些看不过去了，就冲着小男孩说道：“这么一大盘排骨，你怎么吃得完？让爷爷奶奶、外公外婆吃点吧。”

小男孩生气地摇摇头，用手中的排骨砸向爸爸。排骨砸到了爸爸脸上，然后又落到了汤里，溅了爸爸一身。

爸爸很生气，想要训斥小男孩，却被四位老人拦住了。四位老人一边哄着小男孩，一边将排骨再次夹给他。

看到这里，我真的感觉很难接受。这一家人，要把孩子溺爱到什么程度才罢休？在这样的溺爱下，孩子又怎么会爱自己的家人呢？不变的自私自利才怪呢。

溺爱不是正确的爱，是一种表面上给孩子无限的满足，却给孩子带来无限伤害的爱。为了孩子以后能会付出爱，父母一定不能溺爱孩子。

※※※　※※※　※※※　※※※　※※※

溺爱孩子，会使孩子的价值观混乱。这是因为，父母总是以孩子为中心，孩子想怎么样就怎么样，接受不到正确价值观的教育。

一次，当小学老师的朋友王华告诉我，班上有个小男孩让他特别头疼，经常犯错，而且屡教不改。

王华当了十来年老师，按说他的教育经验也很丰富，每次都能把学生教育得心服口服。能让他感觉到头疼的学生，相信绝不是一般角色。

王华说，这个学生长得胖胖的，特别爱命令人，经常命令别的学生和他一起玩。如果其他学生不愿意，他就会打人。

王华把这一情况反映给了小男孩的父母，小男孩的父母却认为，孩子喜欢命令别人，说明孩子具有领导才能。至于打人的问题，小男孩的父母认为应该由学校教育。

课外活动时，这个小男孩总是抢其他同学的运动器材。看到别人玩篮球，他也想玩，就过去抢同学的篮球；看到别人踢毽子，他又扔了篮球去踢毽子。

王华还没来得及将这个情况告诉小男孩的父母，他的父母就找上门来，说学校的活动课分配运动器材不公平，总是不给小男孩喜欢玩的东西。

王华说：“类似的事情还有很多。我原本以为，如果告诉了他的父母，老师和父母一起努力，可以帮助孩子改掉这些毛病，可是没想到，孩子这些毛病都是父母惯出来的。这么溺爱孩子，孩子能正常待人接物才怪。”

我对王华说：“这孩子总以自我为中心，父母也没有告诉他一些正确的观念，这才让他这么嚣张，为所欲为。如果父母不停止溺爱，想让孩子树立正确的价值观念是很难的事情。”

后来，王华告诉我，班里的学生居然自发地团结起来，开始孤立和对抗那个小男孩。小男孩的父母为此还来学校大闹了一场，最后只得给他转学。

溺爱长大的孩子，因为父母无原则的退让，很难树立起正确的观念。这样一来，当孩子走出家庭，却没有正确价值观念的支配，很容易受到别人的排斥。

※※※　※※※　※※※　※※※　※※※

现在社会越来越重视能力，有些父母从孩子小时候起，就开始培养孩子的各种能力。可是，更多的父母选择了溺爱孩子，而溺爱会使孩子的能力降低。

结束了夏令营的桐桐刚刚放下行李，就迫不及待地告诉我，班上的李刚这次糗大了。

李刚是桐桐班上一个成绩不错的男孩子。有几次，桐桐还夸奖李刚每天都穿得整整齐齐，不像班里其他男生那样不讲卫生。

听桐桐说，李刚是家里的独生子，从小到大几乎什么家务活都没有做过，就连他自己的事情，像收拾书包、洗衣服等，李刚都没有做过。

这次夏令营不准父母陪同，失去了父母照顾的李刚，一下子变得不再干净，反倒有点像济公的感觉了。

让桐桐和班上同学惊讶的是，李刚长这么大，居然还没有自己洗过头。在营地时，李刚因为头发有异味，被老师说了好几次。

不单是洗头，叠被子、洗衣服等，这些事情李刚也都不会做。没两天，李刚身上的衣服就有了味，在老师的命令下，李刚才第一次洗衣服。

除了自理能力不行，李刚的其他能力也不行。在训练合作能力时，和李刚一组的同学总是输，因为他根本不懂怎么配合同学。

最后，桐桐郑重地说："谢谢爸爸，谢谢你和妈妈没有溺爱我，要不，我也会和李刚一样，在夏令营成为同学嘲笑的对象。"

能力是孩子立足社会的根本，如果孩子缺乏能力，即使拥有好的学习成绩，也还是无法做出一些实际的事情来。想要让孩子拥有较高的能力，父母千万不要溺爱孩子。

※※※　※※※　※※※　※※※　※※※

在溺爱中长大的孩子，会因为付出不了爱而变得缺少爱心，自私自利，也会因为父母的纵容变得缺少正确的价值观念，能力降低。

为了孩子的身体健康发展，父母爱孩子要有原则，不要溺爱孩子。偶尔也可以给孩子制造一些小挫折，才是正确爱孩子的表现。

教育要就事论事，不要动不动就翻孩子的旧账

教育孩子，绝对不能翻孩子的旧账，不管是孩子所犯的类似错误，还是不相干的缺点、毛病，一律都要避免。批评孩子就事论事，或者使用暗示，轻松地让他改掉缺点、毛病。

晚饭后，桐桐准备上床睡觉，看到桌上放着糖果，就悄悄地拿了两个，放在了被窝里，然后脱掉衣服，躺在床上，假装已经有了睡意，而且很快响起轻微的鼾声。

其实，桐桐拿糖果的时候，已经被妻子看到，所以她根本没有被女儿做出的假象所蒙蔽。她走到床边，掀起女儿的被子，桐桐用力地压住被角，但人小力微，妻子最终掀开了被子，而桐桐却悄悄地把糖果转移到了枕头下。

妻子找不到糖果，喝问桐桐说："把糖果放在哪里了？昨天刷过牙后你要吃零食，今天睡觉前又偷拿糖果，昨天刚批评了你，今天又犯了，你没长记性啊？快点把糖果拿出来！"

桐桐听妈妈这样说，索性用被子蒙着头，躺在被窝里，一动也不动。

妻子生气了，硬把被子掀起来，发现桐桐已经满面泪痕。

见女儿伤心，妻子心里也难受，但她不愿放弃，又接着翻找。

"给你！"桐桐一下子坐起身，从枕头下拿出糖果，扔在了地上。

这下子惹火了妻子，她上前就要揍桐桐。

“你不该打我，明知道小孩子爱吃，为什么还把糖果放在桌上，让我看到？今天我拿了糖果，与昨天我饿了要吃零食有什么关系？”桐桐用眼瞪着妈妈，理直气壮地说。

妻子被桐桐问得无话可说，举起的手也慢慢地垂了下来。

这次母女之间的战斗，最终以桐桐的胜利告终。

※※※　※※※　※※※　※※※　※※※

妻子后来把这件事情原原本本地告诉了我，我笑着说：“桐桐说得一点没错，孩子喜欢吃，控制力差，糖果放在桌子上你也有责任；孩子昨天有错，即便今天所犯的错误与昨天类似，你翻孩子的旧账，也是你的不对。”

妻子听后心服口服地低下了头。

确实，孩子有了错，你翻孩子的旧账，会让他想起那些不愉快，觉得你一直记着他的错误，这样孩子只会伤心，不会因为自己屡次犯错责备自己。

作为父母，孩子有了错误，千万不要把孩子相似的错误都找出来累加起来一起责备孩子，那样教育孩子很难收到效果。

※※※　※※※　※※※　※※※　※※※

记得小时候，我特别顽皮，经常拿着弹弓瞄准目标射击。当然，那些目标都是些固定的东西。

有一次，我失了准头，弹头打中了一个行人。我急忙躲在一边，观察动静，看到那个行人张皇失措、上下左右查看的滑稽情景，我突然对弹弓射人来了兴趣。

以后，我专挑行人打。有次我打中行人后躲藏不及，被别人当场抓住，那人是我们一个村的，他把我带到母亲面前，让她教育。我十分害怕，等待着母亲的批评。

母亲很尴尬，给那人道了歉，把他送走后，回头训斥我说：“让我怎么说你好啊，以前你拿着弹弓玩，不知道学习，我没管你，现在竟然用它来打人！不仅玩，还给我惹是生非。看看你自己，身上还有一点优点没？要学习成绩不好，要能力什么都不会……”

本来我还为自己做错了事惭愧，觉得给母亲带来了麻烦，低着头等着她的训斥，并发誓改正。

后来，我见母亲几乎翻出我所有的旧账，把我说得一无是处，突然腻烦了起来，抬头怒视了母亲一眼，扭头回了屋里，并没有打消用弹弓打人的念头。

母亲一下子愣在了原地，她没有想到儿子竟然变得这样不服教育。事实上，是她总翻旧账的结果。

你看到孩子犯错，因为生气，有可能一下子联想到孩子曾经犯过的所有错误，不假思索地都抖了出来，以为这样狠狠地批评孩子，能够使他醒悟，从而迅速地变得优秀。

但事实上，作用恰恰相反。有可能本来怀有愧疚之心的孩子，在被你批评得体无完肤之后，就真选择了自暴自弃，或者有意与你对着干。

※※※　※※※　※※※　※※※　※※※

有了自身的亲身经历，再加上有妻子翻孩子旧账得到的教训，对于桐桐，我一直都避讳提她曾经犯过的错误，还别说，这样真有效果。

桐桐以前有咬下嘴唇的毛病。每次妻子看见了，都会说：“又咬嘴唇了，长点记性好不好。”

桐桐听了这话，满脸不高兴，在妈妈的强逼下，不咬嘴唇了，但是妈妈一离开，她还是照咬不误。

一天，我看到桐桐又咬嘴唇，就指了一下自己的嘴，她马上会意，朝我伸了一下舌头，松开咬嘴唇的牙齿。

再次忍不住想咬时，不用我指，只要眼神看着她的嘴，桐桐立即就会明白什么意思，停止咬嘴唇。

这样，桐桐在我指点和暗示下，改掉了咬嘴唇的毛病。

※※※ ※※※ ※※※ ※※※ ※※※

孩子有了错，老是唠叨，总翻旧账，很难收到效果。

所以，父母，绝对不能翻孩子的旧账，不管是孩子所犯的类似错误，还是不相干的缺点、毛病，一律都要避免。批评孩子就事论事，或者使用暗示，轻松地让他改掉缺点、毛病。

原创家教系列

成墨初写给男孩的
50个励志格言

成墨初写给女孩的
50个幸福箴言

好孩子
是夸出来的

每天懂一点
亲子心理学

父母如何应对
男孩成长危机

父母如何应对
女孩成长危机

父亲的教育
决定孩子未来

母亲的教育
决定孩子一生

影响世界的父教法则
60位世界杰出精英的父教智慧

影响世界的母教法则
60位世界杰出精英的母教智慧

德国妈妈
是怎样教育孩子成长的

爸妈不盯
也放心